书山有路勤为径,优质资源伴你行
注册世纪波学院会员,享精品图书增值服务

极简战略管理

陈铁钧 · 著

以终为始，化战略为行动

电子工业出版社
Publishing House of Electronics Industry
北京·BEIJING

未经许可，不得以任何方式复制或抄袭本书之部分或全部内容。
版权所有，侵权必究。

图书在版编目（CIP）数据

极简战略管理：以终为始，化战略为行动 / 陈铁钧著．—北京：电子工业出版社，2022.9
 ISBN 978-7-121-44154-7

Ⅰ．①极… Ⅱ．①陈… Ⅲ．①企业管理—战略管理—研究 Ⅳ．① F272.1

中国版本图书馆 CIP 数据核字（2022）第 151354 号

责任编辑：杨洪军　　　文字编辑：刘民蕊
印　　刷：三河市双峰印刷装订有限公司
装　　订：三河市双峰印刷装订有限公司
出版发行：电子工业出版社
　　　　　北京市海淀区万寿路173信箱　　邮编100036
开　　本：720×1000　1/16　　印张：14.75　　字数：236千字
版　　次：2022年9月第1版
印　　次：2023年6月第2次印刷
定　　价：75.00元

凡所购买电子工业出版社图书有缺损问题，请向购买书店调换。若书店售缺，请与本社发行部联系，联系及邮购电话：（010）88254888，88258888。
质量投诉请发邮件至zlts@phei.com.cn，盗版侵权举报请发邮件至dbqq@phei.com.cn。
本书咨询联系方式：（010）88254199，sjb@phei.com.cn。

序一

我和铁钧老师的友谊始于2013年——他给澳优做营销培训。由于他既有实战经验，又善于学习、总结，因此培训很接地气。后来，我就动员铁钧老师加入了公司，先在营销实战岗位上操盘，后到澳优大学负责团队培训工作。经过几年的努力，铁钧老师为公司的管理做出了良多的贡献。

在2003年创办澳优的时候，婴配行业就已经比较成熟。而我们团队所处的长沙，在奶源、区位等方面均无优势，创始团队的资金以及其他实力也并不很强，因此，"初生牛犊"要想在这个充分竞争的行业中生存和发展，战略管理就非常重要。我们团队一边在战斗中学习，一边向顾问老师和标杆学习，逐渐形成了一套比较适合澳优实际情况的战略管理方法论，并从管理团队开始，在公司各个层级中进行分解与落实。公司每年的战略反思会、战略解码会，以及上期目标兑现与下期目标签约会，成为年度重要的管理节点，有效推动了公司的发展。

我欣然看到，铁钧老师将过去在企业战略管理实践、培训、研究中的心得与经验总结在这本书中，也有不少公司的印记，读来特别亲切。这本书源于实务，简捷明快，操作性强，干货十足，我诚挚地推荐给大家。虽然社会发展日新月异，经营环境和面临的挑战都在不断变化，但成功之道总有共同的规律。我相信这套系统全面、深入浅出、易记好用的战略管理方法论，一定能够为大家的工作与生活带来启发与帮助。

澳优集团董事会主席　颜卫彬

序二

相信很多人都有同感,我们正处于一个前所未有的多变时代,"黑天鹅""灰犀牛"频发,无论身在哪里,我们都经历了诸多挑战。如何保持足够的战略定力,积极拥抱改变,甚至创造改变,走上发展的道路,是每个人、每家企业的必修课。

正如陈老师书中指出的,"战略是为未来做现在的决策"。企业要想跨越每个周期,战略管理非常重要。战略管理的开端是解决共识问题,只有这样才能搞清楚未来要成为什么样的企业,上下齐心,朝着同一个方向前进。

时至今日,我们需要承认,有些时候选择比努力更重要,找对风口,制定匹配的策略,即可实现从弯道超车到换道超车的转变。无论是个人还是企业,在发展变化中都会遇到需要选择的三岔口,这里说的不是简单的日常琐事的选择,而是关系未来发展的重大决策。对企业来说,"重大决策"的选择与企业战略密切相关,如产品战略、商业模式、营销战略等。

《孙子兵法·谋攻篇》提出,"知己知彼,百战不殆"。在做任何战略决策之前,我们都应该做战略分析,不但要了解企业自身,更要结合外部环境。陈老师书中提出的战略分析工具PEST模型、五力分析模型、BCG矩阵等都是非常适合企业应用的工具。相信不同的企业或管理者在本书中都能找到适合其行业及企业特性的分析工具，帮助团队做出正确的选择。

战略要落地，从"知道"到"做到"之间还隔着"战略解码"和"战略执行"两座大山。战略解码需要达到"上下同欲"，达成共识，明确目标和行动方案，逐层分解责任到人。战略执行要到位，"执行力"和"执行能力"两者缺一不可。而"正确地做事"需要正确的策略来指引方向。使用OGSM工具（一页计划表）制定策略方向，自上而下分解战略目标并落实到员工个人层面，不同层级制订对应的行动计划，不折不扣地做好战略执行。OGSM工具也是维达团队常用的工具之一，团队也可以尝试使用PPC合约等工具，更好地落实战略执行。

《毛泽东选集》第一卷《实践论》提到，实践、认识、再实践、再认识，这种形式，循环往复以至无穷，而实践和认识之每一循环的内容，都比较地进到了高一级的程度。战略复盘相当于实践之后的认识环节，能够让企业更好地审视和分析成败得失，进而指导企业更好地进行实践，不断推动企业发展。

陈老师是维达团队的老朋友，他的这本书深入浅出，娓娓道来，将复杂的战略思想精简为通俗易懂的思维模型，清晰地告诉读者战略管理的五大步骤，并且在每个步骤中都借助具体案例加以阐释和说明，让读者看了就能理解，拿来就能应用。

尽管我们身处的时代变幻莫测，商业创新层出不穷，但其战略管理均可学习、借鉴。

维达集团市场总裁　汤海棠

序三

当陈老师告诉我他写了一本书即将出版时，我的第一反应是由衷地替他高兴，因为我知道，这是迟早要发生的事情。十余年前，我致力于将得力的营销体系打造成一支组织清晰、运作规范、动作标准的专业化和职业化的团队，我曾请他带领顾问团队进驻得力，贴身辅导得力历时一年。在这深度合作的一年里，陈老师基于对得力的深度理解，立足长远，提出了"改良土壤、固本强基"的辅导纲领，主导双方团队共创了分层级的营销管理手册。在这套手册中，双方充分考虑了最终影响营销业绩的战略、组织、人才、绩效和文化五大模块，也正是这套手册，让得力各级营销管理干部在框架思维和管理行动上形成了标准。虽然不能说，得力过去十年里实现三年翻番、十年十倍的增速全部是这套营销管理手册的功劳，但得力的营销从此走上了专业化且体系化的道路，从依赖个体能力转变成依赖组织能力，从机会捕捉型到战略牵引型，作用甚大，影响甚远，这是事实。

在这次合作以及后续的交往中，我对陈老师的学识、人品有了进一步的了解。作为一名曾经担任企业高管（伊利）的管理顾问，他还能果敢务实地再次走进企业担任高管（澳优），并在取得非凡业绩之后回归初心，读博教书。这本身就是一种自信，更是一种能力的溢出和个人价值的重建。正是这种强烈的学习欲望和强大的知识储备，让他能够从容地在顾问与高管两种身份之间自由切换，将思考与行动合二为一，化知识与实践融合印证。这比我们每天只在企业中面对具体工作，多了一个视角，也多了一份提炼。这份提炼，汇聚成独特的思考结晶，以及来自实践的系统真知。

我花了几个晚上认真细致地看完了这本书。不出意料，陈老师这本书很务实，不故弄玄虚，不把简单事情复杂化，也不把重要步骤简略化，框架清晰、结构分明、逻辑严谨，有拿来即用的工具，也有开放式的问题与作业。对比学院派的战略管理著作，本书在保持专业理论严肃性的同时，充分考虑了读者的消化吸收和学以致用的能力，通过图表、案例、历史典故等方式增强了阅读和理解的趣味性，换句话说，就是更接地气，更适合企业各层级管理人员学习与运用。

本书围绕战略管理的五个部分，即陈老师多年的高管经验，以及为诸多知名企业做管理咨询的体悟，独创提炼出极简战略管理SUPER™模型。这个模型很有意义，它让我们在读完本书之后，迅速在脑海里建立战略管理的标准架构，也让我们在战略管理的每个环节可以按图索骥，参考修正。

战略是纲，纲举目张。任何高管都会审慎地对待战略的制定、选择与落地，而陈老师的这本《极简战略管理》应该成为我们常备案头的结构性图书。

得力集团CEO　陈雪强

前言

一、缘起：为什么要写这本书

从业30多年，我历经国企、外企、私企、创业，一路螺旋式上升。虽热爱阅读、勤于思考，如今也做着"传道育人，成人达己"的咨询、培训工作，但是我一直对写书这件事存有敬畏之心，怕贻笑大方，更怕误人子弟。

直到2020年，澳优大学要开发一门定制精品课程，主题是"战略解码"。我便重新浏览了一遍看过的新近出版的战略方面的书籍，综合自己多年来对战略的思考和实践，历经半年时间，完成了这门课程的研发交付，输出了近200页PPT和十万多字的讲师备注。紧接着，我先后在澳优和其他企业做了多场"战略解码"的培训，获得了企业高管们的正面评价。

当时，我萌生出一个想法：如果把这十万多字的讲师备注再完善一下，是不是可以成为一本正式的出版书籍呢？

这个想法，对我来说还是挺大胆的，连我自己都不敢相信！原因有三点：

首先是敬畏。战略是生死大计，决定着组织的方向和命运，在企业管理中发挥着先导性和全局性的重要作用。

其次是复杂。战略是企业对未来发展的总体谋划，涵盖内容极其繁杂，涉及企业与环境的关系、企业使命与愿景、发展目标、竞争战略以及实现路径等诸多内容。

最后是挑战。身处VUCA时代，企业管理者必须持续思考企业使命与愿景、价值观、竞争策略等问题。这对企业战略管理工作而言是极大的挑战。

然而，我能深切地感受到，企业对于学习战略管理的需求是迫切的。很多企业管理者对战略的理解还存在一些疑问。

一）战略规划无用？

有人认为，成功的企业的战略都是对的，失败的企业的战略都是错的。特别是前些年"互联网思维"盛行，"用户思维"和"产品思维"占主流时，更觉得"战略规划无用"。但随着"新零售"的到来，"互联网思维"神话的破灭，大家重新认识到战略规划的重要意义。

二）战略作用极端化？

有人认为，战略就是一切。他们把企业所有的经营管理动作都称为"战略"，战略成了万能，这是过度地重视战略的表现。另一个极端观点是"计划跟不上变化"，认为企业即便没有制定战略，也一样可以经营发展。这两种极端想法都没有正确认知战略作用。

三）战略管理理论过时？

很多人接收到的战略知识，可能来自商学院老师的讲授、学习教科书、阅读专著等途径。战略管理理论是不断递进发展的，其内容和运用方式都需要与时俱进。对于经典的战略管理理论、工具和模型，企业的确可以用其来启发思考、运用借鉴，但同时需要不断复盘，不断精进，刷新认知。所以说，战略管理理论没有过时，过时的是认知。

同时，我自认为基于自身的企业实战经历，以及从事咨询培训工作的积累，撰写这个主题的书籍正当其时。

深思熟虑之后，我决定撰写这本《极简战略管理》。

二、本书的定位

决定写书后，我思考的第一个问题就是要把这本书写成什么样。

过去十多年，我参与了不少企业的战略制定和解码工作，也辅导过不少企业做战略制定与落地执行。我发现，很难选择出一本合适的战略管理书籍，把它推荐给企业管理者学习、参考。这是为什么呢？

市面上有很多"战略"主题的书籍，我读过不止一百本。大多数书籍有以下问题：理论性内容较多，知识点复杂且分散，案例比较陈旧。这些零散的、非系统化的知识很难掌握，也很难落地运用到企业管理实践中。此外，这些书因为缺乏阅读友好性，让很多有学习意愿的企业人敬而远之。

我的个人理解是，战略管理的过程跟《易经》的理念有异曲同工之妙。学习《易经》是希望在持续"变易"的发展过程中找到"不易"的规律，用"简易"的方式去实现目标。而战略管理的过程则是，在VUCA时代（变易），以战略的确定性（不易）去应对市场的不确定性，直接、快速、有效地实现战略（简易）。

几经思考，我想写一本不一样的"战略"主题的书。本书的定位是：结构要系统而简易，内容要实用而有益，阅读要友好而容易。我希望这本书，是一本能够帮助阅读者读懂战略的书。

三、战略究竟是什么

战略是什么？"战略"一词源于军事用语，"战"指战争，"略"指谋略。

总体来说，战略并不是做未来的决策，而是为未来做现在的决策。战略是以未来为基点，为适应未来环境的变化，为不断获得新竞争优势，为维持企业生存和持续健康发展而做出的企业发展目标及达成路径手段的总体谋划。

简单地讲，战略就是搞清楚"3+1"的问题（三个基本问题和一个实施问题）。

三个基本问题，指的是"我们在哪儿，我们要去哪儿，我们怎么去"。一个实施问题，指的是"具体怎么办"。

- "我们在哪儿"是战略分析工作，即通过内部和外部分析，研究企业目前处于什么状态。
- "我们要去哪儿"是战略制定工作，研究的是企业未来是什么状态，是向上发展，是保持现状，还是收缩防御。
- "我们怎么去"是路径选择工作，研究的是用什么样的办法从现在走到未来，是并购、新建，还是发展战略联盟，等等。
- "具体怎么办"是落实到人、财、物、事等执行层面的行动计划。

需要注意的是，很多企业做战略管理时，没有认识到"制定战略"与"制订计划"的区别。他们用制订计划的方法去指导战略制定，注定得不到期望的效果。

四、如何实现战略的"知行合一"

我认为，学习要做到"知行合一"，提倡"知、用、悟、行"四阶段学习法。学习理论知识是"知"的阶段，学习案例和工具是"用"的阶段，结合自身经历检验理论与实践的契合度是"悟"的阶段，制订行动计划并推动落地执行是"行"的阶段。

本书应用了上述四阶段学习法来构建内容。每个章节从一个简单、直接的案例或故事开始，引出一个核心知识点，结合实战中的案例，并在章节结尾处向读者提出问题或建议。

从整体结构上，本书按照"极简战略管理SUPER™模型"展开系统阐述，五个章节内容之间相互关联、逻辑递进。

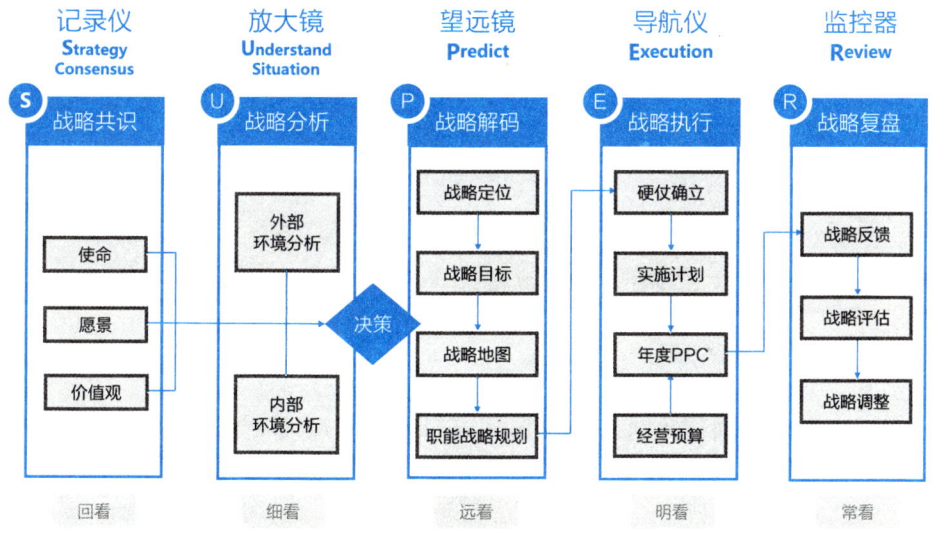

极简战略管理SUPER™模型

第一章：战略共识

达成战略共识是战略管理的开端，也是确保战略管理过程顺畅的首要前提。

战略共识的达成过程，仅让企业高管和战略研究者参与是不够的，跟战略制定、执行、管控、检核工作相关的员工都应该参与。

战略共识的达成，主要聚焦企业的使命、愿景、价值观、战略重心这几个核心内容。使命是企业存在的价值和理由，回答的问题是：我们是谁，为何存在？愿景是企业渴求的状态，回答的问题是：未来成为什么样的企业？价值观是企业的核心信念和准则。战略重心就是确立与企业发展阶段相匹配的各阶段工作目标和重点。

第二章：战略分析

企业战略要因地制宜，做到与企业情况适合、匹配，就必须先深入、细致地对战略环境进行调研和分析。

战略分析包括外部和内部环境分析。外部环境分析包括宏观环境分析、行业分析、市场分析、竞争对手分析等方面，帮助企业分析外部的机会和威胁。内部环境分析包括资源与能力分析、价值链分析、核心竞争力分析等方面，帮助企业分析内部的优势和劣势。

外部的机会和威胁，加上内部的优势和劣势，通过SWOT组合分析，可以帮助企业做出更有针对性的战略选择。

第三章：战略解码

从战略制定到战略执行，中间还有很长一段路要走，连接两者的就是战略解码。战略解码就是清晰地描述企业战略目标，并将其转化为具体行动计划的过程。一般来说，战略解码被认为是企业战略管理中最重要的环节。科学、准确的战略解码，能保证企业的战略目标清晰地转化为各层级、各岗位、每个人的行动计划。

战略解码是从上到下、层层分解完成的。越往上越聚焦宏观、方向层面，越往下越注重具体战术动作层面。企业的顶层解码，需要回答"我们是谁，为何存在"这样的使命问题。往下一层解码，需要回答"未来成为什么样的企业"的愿景问题。再往下一层解码，是对各项对策的梳理和诠释。最后是基于部门或个人的目标和行动层面的解码，重点回答"我们需要做什么，我需要做什么"的问题。

企业层面的战略是总体战略，是各业务战略的基础。业务层面的战略是各具体业务的竞争战略。职能层面的战略是各项职能工作的发展规划，要求输出具体的、可落实的行动计划，并设计相应的绩效管理体系。

战略层层解码的要求是，每一层解码都输出相应的关键成果，确保每一个层级的人都能拿到对应自己岗位的、可使用可操作的计划和工具。

汇总所有层面的战略目标和实现路径，就构成了"战略地图"。从内容上看，战略地图包括财务、客户、内部流程、学习与成长四个层面的内容。这四个层面的内容又可以分别落实到相关的职能战略上。

第四章：战略执行

阿里巴巴集团创始人马云曾说：我宁愿要三流的战略加一流的执行，也不一定要一流的战略加三流的执行。

如果一流的战略加上一流的执行，那就更好了。

加拿大管理学家亨利·明茨伯格说："战略家的绝大多数时间不应花在战略制定上，而应该花费在实施既定战略上。"

战略执行是实施战略的重要环节。构建良好的战略执行体系及保障体系，可以为企业战略的有效实施与优化提供良好的平台和组织保障。

第五章：战略复盘

战略执行是长期且复杂的过程，对战略执行过程和执行效果的管控，是保证经营活动与战略持续保持协调一致的重要机制。因为制定战略并推动实施只是战略成功的起点，只有对战略进行有效评价和调整，才能保证企业的长期成功。这要求企业对战略管理的过程进行长期的、动态的管控，常用的手段就是战略复盘。

战略复盘主要包含战略反馈、评估和调整。战略反馈就是定期检验战略执行情况，及时发现问题、解决问题，在稳健的道路上前进。战略评估是进行战略分析评估、战略选择评估和战略绩效评估，目的是保证战略的有效实施，并最终提供企业持续获得竞争优势的能力。战略调整是参照经营事实、经营环境变化、新机会和新思维，对既定战略进行调整，以保证战略对企业经营管理进行有效指导。

"战略共识—战略分析—战略解码—战略执行—战略复盘"这样的逻辑设计，首先是基于战略管理工作操作流程的需要，其次是战略管理工作的推动，也遵循着"从理解到执行，再到反馈、纠偏、精进"的基本工作规律。

五、一个小目标

VUCA时代的易变、不确定、复杂和模糊的特性，正在或已经颠覆很多游戏规则。如何做大、做强、做久，是每个企业都关注的问题。

没有哪个企业强大到不会被挑战，也没有哪个企业弱小到不能去竞争。我赞赏澳优集团董事局主席颜卫彬先生的一句话："用战略的确定性应对市场的不确定性。"我希望更多的中国企业能有强烈的战略意识，善于制定出适合的企业战略，并能不折不扣地执行，定期、及时复盘，不断实现辉煌的事业。

针对本书，我想努力实现下面的目标：

- **系统性**：内容结构系统、紧凑，能涵盖战略的源起、正确制定战略、战略层层解码、落地执行、复盘调整等完整内容。
- **实操性**：读者在碰到战略管理问题时，能够找到对应的解决方法（模型、工具、案例等），并且能够拿来即用。
- **实用性**：能提供战略分析、战略制定、战略解码、战略执行、战略控制等非常多的经典与实用工具，可进行套用。

- **简洁性**：简单而快捷，不要求太深刻和太完备，而在于启迪思维、提供正确的思路与方法。
- **趣味性**：阅读起来不沉重，有趣味性，理论性内容辅以案例和故事，以便启迪思维、增强娱乐。

所以，本书适合以下读者群体：

- 企业高层可以浏览完整的结构，作为战略复盘的参考；
- 企业中层可以研读、学习战略的层层解码和落地执行；
- 企业基层可以学习、了解企业战略的来源，及其与自己绩效的关系；
- 希望了解与学习战略管理方面的学生和阅读爱好者，可学习完整的理论体系、相应的工具模型和落地的实战案例。

目录

01 第一章
战略共识

一、综述：战略共识就像"记录仪"——看来时路，不忘初心　002
二、没有共识，奢谈胜利——皇上要跟洋人开战了　003
三、与战略相关的四个关键概念　004
四、达成战略共识最重要的五件事　015
五、先共识，再落地，后循环——定期回看"记录仪"　032

02 第二章
战略分析

一、综述：战略规划，分析先行——凡事预则立，不预则废　035
二、战略分析就是这么重要——没有调查，就没有发言权　037
三、战略分析全景图——用好放大镜，知彼又知己　037
四、外部环境分析　041
五、内部环境分析　059
六、综合系统分析——李云龙是如何打败山崎大队的　084
七、先分析，再选择——先弄明白感冒的类型，再决定吃什么药　088

03 第三章
战略解码

一、综述：向上编码，向下解码——跨越从战略到执行的鸿沟　091

二、解码才能更好地执行——说人人都能听得懂的话　092

三、自上而下、逐层递进、层层解码——解码就是信息转换　093

四、做好战略解码的六大步骤　094

五、总结：化目标为路径——解码做得好，执行不跑偏　132

04 第四章
战略执行

一、综述：既要有战略执行力，还要有战略执行能力——
有导航，不迷路　135

二、没有执行，一切都是空谈——空谈误国，实干兴邦　136

三、战略执行就是要把事情做对做好——一流的执行才配得
上一流的战略　137

四、做好战略执行的五个关键步骤　138

五、重实干，强执行，抓落实——执行做得好，结果有保障　174

05 第五章
战略复盘

一、综述：企业生命不息，战略复盘不止——用好复盘这台"监控器"　　176

二、复盘让战略执行更稳健——停下来，想想，再出发　　177

三、复盘就是启动管理者内省——每次做同一件事，不见得是好事　　178

四、做好战略复盘的关键事项　　179

五、还原事实，明辨得失，迭代优化——复盘，是为了更好的未来　　212

参考文献　　213

后记（致谢）　　215

01

战略共识

第一章

一、综述：战略共识就像"记录仪"——看来时路，不忘初心

毛泽东说："我们都是来自五湖四海，为了一个共同的革命目标，走到一起来了。"[1]

IBM公司的开拓者小托马斯·沃森说："我坚信，任何一家企业为了谋求生存和获取成果，都必须拥有一套健全可靠的信念，并在此基础上，提出自己的各种策略和各种行动方案。我认为，在企业获取成功的过程中最为关键的一个因素就是，始终恪守这些信念。"

从诸多有关战略共识的表达中，我们能深切地感受到，"形成统一的战略共识，并长期坚守下去"，对于一个企业的战略管理有着非常重要的意义。

形成战略共识，是战略管理任务的开端，也是确保战略管理过程顺畅的首要前提。只有先达成战略共识，才能真正形成协同作战、聚焦力量、达成目标。

战略共识是对企业战略的"回看"，就像"记录仪"一样。

战略共识重点关注三个重要的问题：使命、愿景和价值观（见图1-1）。通常这三者被统称为企业经营理念或公司经营哲学。

战略共识的形成，应该囊括投身战略管理全流程工作的所有人，这样形成的战略共识可以增强管理者之间、管理者与员工之间的沟通，增加彼此的了解和信任，增添企业人对企业的责任感和使命感。

---

[1] 摘自1944年9月8日，毛泽东在中央警备团追悼张思德的会上的讲演。《毛泽东选集》（第三卷），人民出版社，1991年。

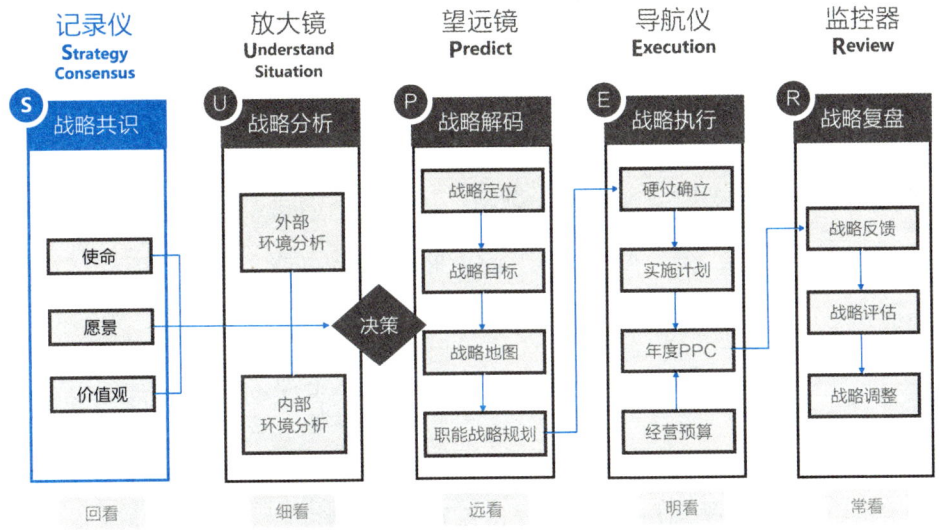

图1-1 极简战略管理SUPER™模型之战略共识

本章重点关注"战略的相关概念,如何达成战略共识"等问题。

二、没有共识,奢谈胜利——皇上要跟洋人开战了

为什么要达成战略共识?先来看一个历史案例。

第一次鸦片战争注定是要失败的。

在跟英国军队开战前,整个广州的老百姓都在说:皇上要跟洋人开战了!

战争过程中,洋人与清政府军激战正酣,中国老百姓并没有组织积极有效的反抗来支持清政府军。众多老百姓只是以一种局外人、旁观者的心态,来"欣赏"这场热闹。更加令人震骇的是,数量庞大的"良民"加入援英反清的队伍中,其中部分人甚至成了英国侵略者冲锋陷阵的排头兵。就在三元里百姓英勇抗英的同时,不少百姓却沦为英国军队的后援。据《筹办夷务始末》记载,在第一次鸦片战争的过程中,仅三元里一地就有1 200名援英抗清的百姓。

打一场这样的战争，清政府能胜利吗？显然是不可能的。问题出在哪里呢？从"皇上要跟洋人开战了"这句话中可见端倪。

不少百姓认为，这是皇上的战争，是政府的战争，跟自己没有任何关系。这从不少百姓的旁观行为上可见一斑。甚至有百姓认为，清政府的这项"战略"是不合理、不正确的，这可以从部分百姓"倒戈一击"的行为中得到验证。

归根结底，对于"跟洋人开战"这项战略，并没有在全国范围内形成共识。

企业经营何其相似。没有共识，还奢谈什么胜利？

三、与战略相关的四个关键概念

要想形成战略共识，首先需要对战略、战略管理有一个系统、全面、立体的了解。本节内容将围绕与战略相关的四个关键概念展开，期望帮助大家厘清以下问题：

- 从定义上说，什么是战略和战略管理？
- 从内容上看，战略有哪些要素？
- 从结构上看，战略有哪几个层次？
- 从整体上看，什么是企业的战略体系？

一）战略定义——从《孙子兵法》说起

1. 历史名家谈战略

历史上有不少名家都谈过战略，也谈过他们对战略和战略管理的理解。

1)《孙子兵法》谈战略

《孙子兵法·始计篇》开篇第一句话:"兵者,国之大事,死生之地,存亡之道,不可不察也。"这句话的意思是,战争是一个国家的头等大事,关系到军民的生死、国家的存亡,不能不慎重对待。"故经之以五事,校之以计,而索其情:一曰道,二曰天,三曰地,四曰将,五曰法。"因此,必须通过敌我双方五个方面的分析,来预测战争胜负的可能性。"道",指君主和民众目标相同,意志统一,可以同生共死,而不会惧怕危险。"天",指昼夜、阴晴、寒暑、四季更替。"地",指地势的高低,路程的远近,地势的险要、平坦与否,战场的广阔、狭窄,是生地还是死地等地理条件。"将",指将领足智多谋,赏罚有信,对部下真心关爱,勇敢果断,军纪严明。"法",指组织结构、责权划分、人员编制、管理制度、资源保障、物资调配。将领必须深刻了解这五个方面。了解就能胜利,否则就不能胜利。

2)《战争论》谈战略

德国军事学家卡尔·冯·克劳塞维茨在《战争论》中说:"战略是为了取得战争胜利的手段。"一般认为这是关于"战略"的最早的定义。过去战略主要侧重于从军事角度来分析。

3)管理学大师谈战略

20世纪60年代,随着一些大型企业兴起、市场竞争加剧,企业内部运营效率和管理成为最大的挑战。由此,无数管理学大师和研究学者纷纷给出自己对"战略"的定义。

战略管理的鼻祖伊戈尔·安索夫在《公司战略》中提出,"公司战略就是依据组织所拥有的资源勾画出组织的未来发展方向"。

迈克尔·波特在《竞争战略》中提出，"战略是创造一个唯一的、有价值的、涉及不同系列经营活动的地位。战略定位的实质就是选择与竞争对手不同的经营活动"。

布鲁斯·亨德森认为，"任何想要长期生存的竞争者，都必须通过差异化而形成压倒所有竞争对手的独特优势。勉力维持这种差异化，正是企业长期战略的精髓"。

彼得·德鲁克认为，战略就是"为未来做现在的决策"。

亨利·明茨伯格在《战略历程》中将战略管理各家之言归纳为十大流派，虽然对每个流派都不置褒贬，但是认为各流派无异于盲人摸象。

哲学家威尔·罗杰斯说："给我们造成麻烦的不是我们不知道的东西，而是我们知道的东西原本不是这样的。"

伊戈尔·安索夫提到，战略管理的目的是"发展一系列有实用价值的理论和程序，使经理人能用来经营……公司可以凭借这些实用的方法来做战略决策"。战略管理是将公司日常业务决策与长期计划决策相结合而形成的一系列经营管理业务，即战略管理是运用战略对公司进行管理。这被称为广义的战略管理。

乔治·斯坦纳提出，战略管理是确定公司使命，根据公司外部环境、内部环境、经营要素确定公司目标，保证目标的正确落实并使公司使命最终得以实现的一个动态过程。这被称为狭义的战略管理。

2. 企业战略和战略管理是什么

笔者认为，企业战略是以未来为基点，为适应未来环境的变化，为不断获得新竞争优势，为维持企业生存和持续健康发展而做出的企业发展目标及达成路径手段的总体谋划。

企业战略具有如下特征：

（1）全局性。战略是以企业全局为对象，根据企业总体发展需要制定的。它规定的是企业的总体行为，追求的是企业的总体效果。

（2）长远性。战略既是企业谋取长远发展要求的反映，又是企业对未来较长时期内如何生存和发展的全盘筹划。

（3）竞争性。战略是关于企业在激烈的竞争中，如何与竞争对手对抗的行动方案。企业不仅通过竞争确定企业的竞争优势，同时也要注意通过竞争达到双赢和共赢的效果。

（4）纲领指导性。战略是企业经营活动的纲领和方针，必须通过分析、解码、执行、落实等过程才能转化成具体的、各层级的行动计划。

（5）相对稳定性。战略必须在一定时期内保持稳定，才能在企业经营管理过程中发挥作用。当然，企业经营管理是一个动态变化的过程，需要根据内外环境变化及时对企业战略进行局部调整。

企业的战略管理，就是要最大限度地优化外部环境、内部资源和能力、企业发展目标这三大要素组合，通过最少的投入达到最佳的产出，建立企业的可持续竞争优势。

战略管理并非高高在上的空中楼阁，它需要从企业各层级的日常的、具体的工作开始，持续改进组织行为，完善企业的治理结构，实现人员、流程和组织的优化，从而创造更高的绩效，以确保企业战略目标的实现。

思考与练习：你能用一句话介绍你所在企业的战略吗？

_____

_____

_____

_____

二）战略要素——唐僧喋喋不休的一句话战略

"贫僧唐三藏，从东土大唐而来，去往西天拜佛取经。"在电视剧《西游记》里，唐僧每到一个地方，不管遇到谁，在介绍自己的时候都会重复这一句话。那么这句普普通通的话到底有什么魔力，以致唐僧喋喋不休？

其实这句由三个短句构成的话，暗合了哲学的三大终极命题：我是谁？我从哪里来？我要到哪里去？

看来，唐僧是那个知道答案的人。他讲这句话，也并不全是为了介绍自己，而是一遍遍地重复着自己的使命和人生意义。

这句话清晰地表达了唐僧的个人战略。那么，企业的战略管理工作能不能像唐僧一样，用简单明了的几句话，就把战略的内涵说清楚呢？

简单地讲，战略就是搞清楚"3+1"的问题（三个基本问题和一个实施问题）。

三个基本问题，指的是"我们在哪儿，我们要去哪儿，我们怎么去"。一个实施问题，指的是"具体怎么办"。（见图1-2）

- "我们在哪儿"是战略分析工作，即通过内部和外部分析，研究企业目前处于什么状态。

- "我们要去哪儿"是战略制定工作，研究的是企业未来是什么状态，是向上发展，是保持现状，还是收缩防御。
- "我们怎么去"是路径选择工作，研究的是用什么样的办法从现在走到未来，是并购、新建，还是发展战略联盟，等等。
- "具体怎么办"是落实到人、财、物、事等执行层面的行动计划。

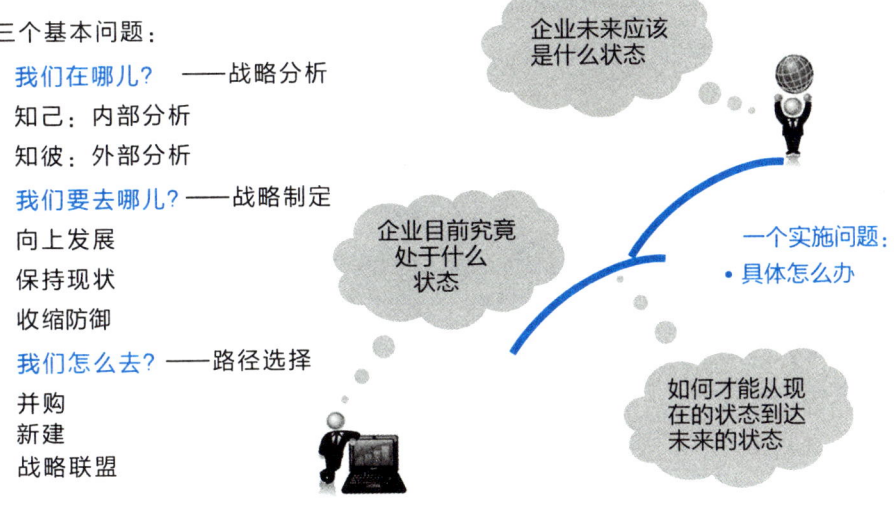

图 1-2　战略要素

所以，战略的内涵有四个要素：战略分析、战略制定、路径选择、行动计划。

思考与练习：你所在企业的战略"3+1"问题的答案是什么？

_____
_____
_____

三）战略层次——战略的金字塔结构

战略是系统的、立体的，是有结构、有层次的，可以从空间和时间两个维度对战略层次进行划分。

1. 空间维度

从空间维度（或者战略执行主体的角度）来看，战略可以划分为公司总体战略、业务单元战略和职能部门战略三个战略层次。它是立体结构，而不是扁平结构，它具备层层递进的特点，有点像金字塔结构（见图1-3）。

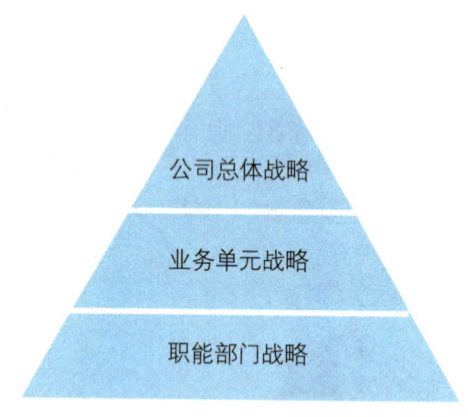

图 1-3　战略层次

1）公司总体战略

公司总体战略是对公司未来发展方向做出的长期性、总体性战略。一定要从使命和愿景出发，梳理清楚战略定位、战略目标和战略重点。如果是拥有多个子公司或分公司的集团公司，就要先研究清楚母公司的集团战略。公司总体战略的主要目标是通过建立和经营行业组合，实现投资收益的最大化。公司总体战略一般由公司董事会、股东会等决策层重点研究。

公司总体战略包括三种战略类型，分别为成长型战略、稳定型战略和收缩型战略。

（1）成长型战略。这是指一种使企业在现有的战略水平上向更高一级目标发展的战略。它包括一体化战略、多元化战略和密集型成长战略。

一体化战略主要包括纵向一体化战略和横向一体化战略。纵向一体化战略按物资流动方向又可以分为前向一体化战略（企业获得对下游经销商或零售商的所有权或控制力的战略）和后向一体化战略（企业获得对上游供应商的所有权或控制力的战略）。横向一体化战略是指企业向产业价值链相同阶段方向扩张的战略，其主要目的是实现规模经济，以获取竞争优势。

多元化战略包括相关多元化战略和不相关多元化战略。相关多元化战略是企业以现有业务为基础进入相关产业的战略。当企业在产业内具有较强的竞争优势，而该产业的成长性或吸引力逐渐下降时，比较适宜采取相关多元化战略。不相关多元化战略是企业从财务角度考虑平衡现金流或获取新的利润增长点。

密集型成长战略也称加强型成长战略，包括市场渗透战略、市场开发战略和产品开发战略。

（2）稳定型战略。它也称防御型战略或维持型战略，是指企业遵循与过去相同的战略目标，保持一贯的成长速度，同时不改变基本的产品或经营范围。它包括暂停战略、无变化战略、维持利润战略和谨慎前进战略四种类型。

（3）收缩型战略。它也称撤退型战略，是指企业从战略经营领域和基础水平收缩和撤退，且偏离起点战略较大的一种经营战略。它包括转变战略、放弃战略和清算战略三种类型。

2）业务单元战略

业务单元战略的重点是向上承接公司总体战略，并根据各业务单元的发展阶段、发展重点，制定出各业务单元战略。业务单元战略一般由各事业部或业务单元重点研究。

在制定业务单元战略时，竞争战略是其中一个核心议题。竞争战略的目的在于，通过聚焦一个行业、一种产品或一个市场，实现利润和市场占有率的最大化。竞争战略由美国战略管理专家迈克尔·波特提出，任何行业或企业都可以采用竞争战略。一个企业只能拥有低成本和产品差异化这两种基本的竞争优势，这两者与某一特定业务相结合，就可以得出三个基本竞争战略，即成本领先战略、差异化战略和聚焦战略。

3）职能部门战略

职能部门战略描述了在执行公司总体战略和业务单元战略的过程中，每一个职能部门所采用的方法和手段，一般由部门层级重点研究。

职能部门战略一般包括营销战略、人事战略、生产战略、研发战略、财务管理战略等。职能部门战略是为公司总体战略和业务单元战略服务的，必须与它们相配合。

2. 时间维度

从战略执行的时间维度看，战略通常分成以下三种类型。

（1）长期战略：一般指时间跨度在五年以上、十年以内的战略。

（2）中期战略：一般指时间跨度在一年以上、五年以内的战略。

（3）短期战略：一般指一年以内的战略。

一般来说，企业的规模越大，其所制定的战略的时间跨度就越长。然而，由于市场环境变化、竞争加剧、产品生命周期缩短、营销工作的定义和范围不断变化等因素的影响，很多企业战略的时间跨度也在发生着变化。比如，很多中小企业把一年以上、三年以内的战略定义为中期战略，把三年以上的战略称为长期战略。

通过以上阐述，大家可以对企业战略形成一个立体的概念。

思考与练习：你知道你所在企业的公司总体战略、业务单元战略、职能部门战略分别是什么吗？你知道你所在企业的短期战略、中期战略、长期战略分别是什么吗？

_____
_____
_____

四）战略体系——成体系，才有力

彼得·德鲁克认为，任何企业必须形成一个真正的整体。这在企业的战略管理工作中体现为对企业战略体系的要求。先来看看为什么有这种体系化的要求。

虽然企业每个成员所做的贡献不同，但是他们必须为了一个共同的目标做出贡献，努力的方向必须一致，才能产生共同的业绩。如果战略不能转化为全体成员的行动，那么不管多好的战略，都只是一个美好的愿望。

怎样才能将战略转化为全体成员的行动呢？大家可按照表1-1的逻辑进行思考。

表 1-1 战略转化相关问题和含义

序号	问题	含义
1	我们是谁？我们为什么存在？做什么样的事业让我们足慰平生？	使命
2	我们希望成为什么样子？未来是一幅什么样的蓝图？我们要给追随者一个怎样的未来？未来的成果是什么？	愿景
3	在通向未来的征途中，我们要坚持什么样的判断标准？其先后顺序是怎样的？对错标准是什么？我们与什么样的人同行？	价值观

续表

序号	问题	含义
4	我们如何从现在走向未来？走向未来的路径和手段是什么？	战略路径
5	分阶段的目标是什么？如何正确引导员工的行为？	目标和行动方案、指标、权重
6	员工需要做什么？怎么做？	员工能力、素质、态度和目标承诺

这种转化是一个完整的体系，它要求企业战略管理者对战略重点进行清晰的描述，通过可视化的方式，将战略转化为全体成员可理解、可执行的行动计划。

从体系的构成上看，战略包括两个方面，"做正确的事"和"正确地做事"。

"做正确的事"是解决"方向正确"的问题。企业的使命、愿景和价值观就是方向问题。使命和愿景是制定战略的起点，价值观是指导管理层和员工行为的准则。价值观决定企业如何开展业务，建立什么样的组织来实现使命和愿景。

"正确地做事"是解决"方法正确"的问题。战略必须转化为具体的行动计划，也就是可落地的方法。理查德·鲁梅尔特指出，"好战略"的核心要素之一是"连贯性行动"，即为落实指导性方针而采取的具有协调性的行动计划。

有效的行动计划要有内在的逻辑关系，在行动策略、资源配置和战术步骤方面高度匹配和一致。企业选择不同的战略，没有高下之分，本身也没有对错。一旦做出了战略选择，企业内部的经营活动、组织体系、人才选用、绩效发展等必须形成体系，跟所选战略相匹配。

延伸一点，员工能力、素质、态度和目标承诺，是解决"用正确的方法做正确的事"的问题。

让企业的战略管理工作形成体系，才能形成真正的合力，发挥出战略管理的强大效能。

思考与练习：你了解你所在企业的战略体系吗？

_____
_____
_____
_____

四、达成战略共识最重要的五件事

接下来探讨的是达成战略共识的方法和路径。具体来说，可以按照以下五个步骤来推进。

（1）设计企业使命。

（2）建立愿景。

（3）打造价值观。

（4）梳理阶段性战略重心。

（5）推动达成战略共识。

本节内容重点聚焦企业使命设计方法、愿景的确定步骤、核心价值观的设计准则、企业发展阶段的特征和应用，以及推进共识的行动策略这五个方面。

一）设计企业使命——企业是什么

1. 企业使命的作用

使命是企业存在的价值和理由。使命回答"企业是什么"的问题。使命界定了企业存在的目的及活动范围，是企业制定战略目标的基础，并贯穿战略规划与执行的各个环节。使命确保了所有员工对企业目标有着一致的理解。使命能够激发员工内心深处的责任感，为员工指明企业发展的方向。

有很多企业的使命是偏主观性的口号，仅仅谈到使命的重要性，这是不可取的。好的企业使命一定是有出处、有来源、具象化的。

2. 企业使命示例

维达：让人们享受高品质的生活卫生用品和服务。

美的：联动人与万物，启迪美的世界。

澳优：全球营养，呵护成长。

得力：致力于为全球消费者提供性价比最优的产品，让工作学习更得力。

3. 企业使命陈述的设计步骤

企业使命陈述的设计，一般有以下四个步骤。

（1）研究其他公司的使命陈述，学习使命陈述的要点、适应性及特点，领悟撰写使命陈述的要点和方法。

（2）头脑风暴，由企业中高层管理人员参加，通过头脑风暴的方式研讨企业使命，并汇总整理头脑风暴的成果。

（3）企业家，特别是创始团队，系统梳理企业发展历程，寻找企业文化的底蕴。

（4）撰写、讨论、修订，形成企业的使命陈述。

4. 企业使命陈述九要素

费雷德·R. 戴维在《战略管理：概念与案例》中提出，一个企业的使命陈述要考虑九要素（见表1-2）。

表1-2 企业使命陈述九要素

编号	要素	要素含义
1	客户	企业的客户是谁？
2	产品或服务	企业的主要产品和服务项目是什么？
3	市场	企业在哪些地域竞争？
4	技术	企业的技术是不是最新的？
5	对生存、增长和盈利的关切	企业是否努力实现业务的增长和良好的财务状况？
6	观念	企业的基本信念、价值观、志向和道德倾向是什么？
7	自我认识	企业独特的能力或最主要的竞争优势是什么？
8	对公众形象的关切	企业是否对社会、社区和环境负责？
9	对雇员的关心	企业是否视雇员为宝贵的资产？

思考与练习：你所在企业的使命是什么？

_____
_____
_____
_____

二）建立愿景——未来成为什么样的企业

西方有句谚语："如果你不知道要去哪里，你可能永远到不了那里。"企业愿景的内涵与之有相似之处。愿景是企业渴求的状态，愿景回答"未来成为什么样的企业"的问题。

企业在建立愿景时，应该从哪些角度思考，才能让愿景清晰而准确呢？

1. 思考愿景的三个角度

可以从员工角度、客户角度和利益相关者角度来思考愿景。

从员工角度出发的思考内容：是否能让所有在职员工都说出企业好在哪里？是否能让离职员工以曾经在此工作而自豪？

从客户角度出发的思考内容：客户是否能说出企业好在哪里？

从利益相关者角度出发的思考内容：利益相关者是否能说出企业好在哪里？

只有从以上三个角度思考，才能让企业建立的愿景兼顾多方的需求和利益，更好地达成共识。

提醒一点，思考愿景时必须发挥想象力，想得长远一些。设想企业5年、10年、20年后将会是什么样子的。

2. 企业愿景示例

维达：成为亚洲生活卫生用品和服务的第一选择。

美的：科技尽善，生活尽美。

澳优：成为全球最受信赖的配方奶粉和营养健康公司。

得力：成为值得信赖且受人尊敬的企业。

伊利：成为全球最值得信赖的健康食品提供者。

大家可以思考一下上述企业的愿景的特征以及思考维度，这些企业的愿景是否都具体、形象，符合共同利益，具有鼓舞性和挑战性，意味深长，描绘未来呢？是否兼顾了员工、客户、利益相关者三个角度的需求和利益呢？

3. 确定愿景的六个步骤

确定愿景要求企业家和中高层管理人员共同参与，通常按六个步骤进行（见图1-4）。

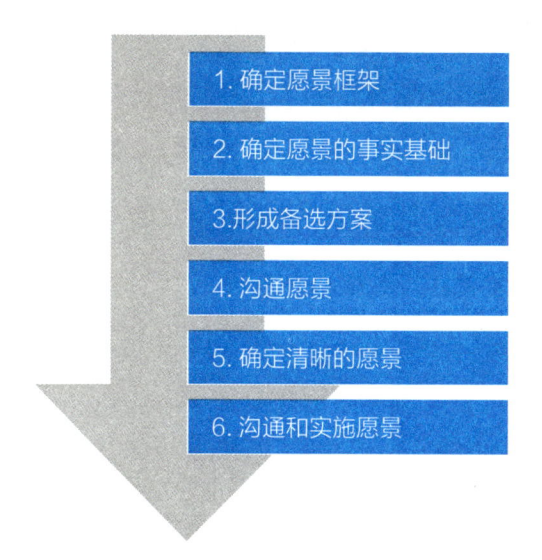

```
1. 确定愿景框架
2. 确定愿景的事实基础
3. 形成备选方案
4. 沟通愿景
5. 确定清晰的愿景
6. 沟通和实施愿景
```

图 1-4　确定愿景的六个步骤

一个比较有争议的话题是，使命和愿景，哪个更重要？

一般来说，当企业开展一项新业务，或一家处于成熟阶段的企业要进行重大业务调整时，愿景可以为其使命陈述和战略执行提供指导。但是对于很多企业来说，使命是为愿景的创建提供指导的，愿景是用来表达使命所指向的未来状况的。

思考与练习：你所在企业的愿景是什么？

_____

_____

_____

_____

三）打造价值观 ——本善，还是本恶

不少企业拥有自己独特的价值观；很多人习惯将道德、诚信、正直、奉献等价值观层面的东西作为职场的追求和行为准则。

博思艾伦咨询公司一项调查显示，接受访问的企业中，89%拥有书面价值观说明，其中有90%的企业将道德行为作为一项关键性的指导原则，81%的企业认为他们的管理措施鼓励员工的道德行为。

在企业价值观的正式说明中，与道德相关的文字不仅表示了对员工行为的期望，也成为企业在日益复杂、全球化的法律和管制环境中的后盾。

这项调查还显示，在不同地区，特定价值观的重要性以及企业价值观与战略行动匹配性大相径庭。相比北美洲的企业，亚洲和欧洲的企业更强调与企业的社会角色相关的价值观，如社会责任、环境责任。

另外，践行价值观的时候，CEO的支持很重要：85%的受访企业表示企业依赖CEO的明确支持来增强价值观；77%的受访企业表示CEO的支持是确保企业依照其价值观行事能力的"最有效"措施。在所有地区、行业和规模的受访企业中，CEO的支持被认为是最有效的措施。

中国的食品企业在经历了一系列食品安全事件之后，对企业价值观的重视程度有了进一步提升，因为食品行业不仅是良心、道德的行业，更是展示国家形象的行业。

笔者认为，企业价值观的设计应该符合以下几个标准。

（1）经得起时间考验。企业价值观必须是真正影响企业经营的精神准则，经得起时间的考验，一旦确定下来，就不会轻易改变。

（2）言行一致，身体力行。企业价值观必须是企业经营过程中能够身体力行、长期坚守的理念。既不能盲目跟风其他企业的价值观，也不能说一套做一套。

（3）言简意赅。既然是价值观，就不能长篇大论。寥寥数条，就能表达出关键理念，胜过长篇累牍、大而全的漂亮文字。

1. 企业价值观示例

（1）维达：

- 可持续发展：坚持负责任的全局性选择，为企业、人类和环境创造今日以及未来的价值。

- 创新进取：为消费者及客户做长远投资；解决当前挑战。

- 专业诚信：坚持为消费者及客户提供优质产品和专业服务；坚守行为准则，以企业整体考虑出发，致力维持企业美誉和高度公信力。

（2）美的：敢知未来（志存高远、务实奋进、包容共协、变革创新）。

（3）得力：创造美好产品，服务全球用户。

（4）伊利：卓越、担当、创新、共赢、尊重。

（5）澳优：澳优法则AUSNUTRIA。

- Accountable：诚信可靠。

- Utmost Execution：执行力强。

- Social Responsibility：勇担社会责任。

- Nonstop Innovation：持续创新。

- Uncompromising Quality：质量至上。

- Team Working：同心协力。

- Respect：相互尊重。

- Internationalization：全球化。

- All for Nutrition：专注营养事业。

2. 使命、愿景、价值观的意义

企业的使命、愿景、价值观的意义到底是什么？

使命就像地平线上的"启明星"，似乎可望不可即，但正因为有了它，才能不迷茫。它能激发企业员工心生无限动力。使命代表企业存在的理由。愿景就像一张"蓝图"，它指引企业前进的方向。愿景阐述的是企业存在的最终目的，是企业长期发展的方向、目标、目的、自我设定的社会责任和义务。价值观就像企业前行路上的"道德指引"，或者行为规范和准则。价值观是对企业愿景和使命的具体展开，将企业生存和发展的理由浓缩成独特的文化要素或理念要素。有了它，企业员工才能同舟共济。

对一个企业来说，不迷茫要靠使命，有方向要靠愿景，同舟共济要靠价值观。

3. 使命、愿景、价值观的表述特征

企业的使命、愿景和价值观的表述，需要具备如下四个特征。

（1）可接受性，指的是能为企业家、核心高管、股东、员工和消费者所接受。不被接受的使命、愿景、价值观，会让企业成员从内心深处质疑企业为什么存在、为了什么而发展，这会从根本上影响企业前行的动力。

（2）可挑战性，指的是使命、愿景、价值观必须是有一定高度和难度的，不是轻轻松松就能达成的。具有挑战性的目标，更能激发员工的斗志。正因为有挑战，才会让员工感觉工作充满了价值感。正因为有挑战，员工才有可能在达成挑战目标后获得更大的回报，觉得未来有奔头。

（3）可检验性，指的是企业的使命、愿景、价值观可以被定量化衡量和检核。有很多企业的使命、愿景、价值观表述都倾向于"务虚"，都

是口号式的定性化的描述。这可能带来的问题是，在工作推进的过程中，不能审视、总结既定的使命、愿景、价值观是否合理，企业当前是否还走在正确的道路上。所以使命、愿景、价值观的表述，一定要能落到经营实处，要思考有哪些方法和标准来对其进行定期检核。

（4）可实现性，指的是不偏离实际、不好高骛远。一个宏伟的使命、愿景，如果永远无法实现，那么不仅不能激励员工，甚至还会起到相反的作用。员工很可能因为永远看不到终点和达成的希望而放弃。

大家可以用以上四个特征，去检视优秀企业的使命、愿景、价值观的表述。相信大家会发现，他们的使命、愿景、价值观的表述具备以上特征，而且不少企业已经用实际结果印证或阶段性地实现他们的使命和愿景。

思考与练习：你所在企业的价值观是什么？

_____
_____
_____
_____

四）梳理阶段性战略重心——小时了了，大未必佳？

在明确了使命、愿景、价值观之后，需要梳理企业阶段性战略重心，就是对企业当前处于哪个发展阶段、战略重心是什么，做出理性分析和判断。

1. 企业不同发展阶段的典型特征

按照企业发展的动态轨迹和企业生命周期理论，企业发展一般会经历五个阶段。企业在不同的发展阶段，需要不同的战略、业务、组织、文化。处于不同发展阶段的企业，必须匹配与其特征相适应，能不断促进其成长的战略目标、业务策略、组织体系、文化建设。企业不同发展阶段的典型特征如表1-3所示。

企业发展是从小到大、从弱到强的过程。从可量化的指标来看，企业发展表现为经营业绩、资产规模等的持续扩大。从组织能力角度来看，企业发展表现为竞争力的不断提升。

2. 企业的阶段性战略重心

企业的不同发展阶段具备不同的特征（战略、业务、组织、文化）。战略与企业的成长必须是适配的关系，才能更好地适应企业成长需要。从战略管理的角度来看，可以将表1-3中细分的五个发展阶段划分为三大阶段，分别为初创阶段（表1-3中初创期和生存发展期）、成长阶段（表1-3中快速发展期和成熟稳定期）、转型阶段（无限可能发展期）。

初创阶段的战略重心是企业的战略定位。在初创阶段，企业的经营能力和资源积累相对薄弱，不能全面铺开、拉长战线。所以必须聚焦再聚焦，找到自己的核心优势，形成差异化战略定位，才有可能获得竞争优势，让自己存活下来。

成长阶段的战略重心是企业的战略管理。不管是快速发展，还是成熟稳定，在成长阶段，企业必须反复锤炼自己的战略管理能力。快速发展时，企业可能面临着市场增速快、市场红利涌现、客户需求旺盛的局面。能否看准时机、快速响应，尽可能多地获取市场份额和消费者基础，考验着企业的管理能力。而在成熟稳定时，可能出现市场红利逐步消退、行业增速放缓、市场重新洗牌的情况。企业需要坚定战略信心，改善管理绩效，优化管理流程，降低被市场淘汰的可能性。

表 1-3　企业不同发展阶段的典型特征

特征		初创期	生存发展期	快速发展期	成熟稳定期	无限可能发展期
典型特征	战略特征	• 抓住机会，创造需求（新产业或风口）	• 有发展方向，但在战略上难以达成共识或还没有完整的战略体系	• 一般已有明确的盈利模式、规模和市场地位 • 重视战略分析和战略设计，但战略执行和战略控制上可能有不足	• 企业有完善的战略管理体系 • 对环境、产业、竞争对手和客户的理解非常深刻 • 可以在战略关键环节投入资源	• 建立了基于高级的战略管理体系更高级的战略管理体系 • 持续创新，创造机会，引领市场，穿越周期（技术周期、市场周期、产业周期、用户生命周期等）
	业务特征	• 产品单一，关注专注 • 产品创新，细分市场	• 产品/服务得认可 • 向更多产品和市场延伸	• 业务快速发展 • 产品线丰富 • 逐步向产业链纵向延伸或深度整合，效率大幅提升，价值驱动需求	• 能够提供多业态、多产品和服务的组合和解决方案 • 建立基于产业重视的竞争优势，更注重平衡业务经营和企业联盟与资源整合，更注重生态系统的建立	• 新技术革命对产业的巨大影响，产业边界日趋模糊 • 基于核心能力的多业态发展、突变式增长，跨越周期
	组织特征	• 通常处于混沌状态，组织和流程不规范，分工、层级少，效率高	• 开始构建管理体系 • 组织开始走向规范化	• 企业员工数量大幅增加，跨部门间的协调越来越复杂 • 企业管理体系需快速迭代	• 僵化的组织规模难以有效支撑战略执行，需推动组织变革 • 扁平化组织、平台化组织、生态化组织兴起	• 企业组织从内部生态化走向外部生态化 • 大公司的形式，小公司的机制
	文化特征	• 结果导向，"剩者"为王	• 生存和危机问题仍是要注点	• 学习文化、创新文化、竞争文化 • 员工的知识、技能、素质要满足经营的需要	• 企业文化开始变迁 • 优秀的文化基因得以保留并升级	• 伴随战略调整和组织变革，创业文化、跨文化交融兴起
企业战略管理特征		• 战略项目 • 集中于当前业务 • 有发展方向，但战略无法达成战略激情 • 以战术勤奋代替战略懒惰		• 战略管理 • 完善战略管理体系		• 高级战略管理 • 持续创新，创造机会，引领市场

转型阶段的战略重心是企业的战略创新。这一阶段行业的市场空间可能已经到达平台期，遭遇天花板。企业必须在战略上思考，如何进入新的领域，如何进行业务创新，也就是要通过重新洞察行业、市场、消费者，重新定义自己的企业，重新定义自己的战略，要选择新市场、获取新能力、聚焦新战略，走向新的发展之路，开辟企业增长第二曲线。

3. 企业成长"三性模型"

杨杜教授在《企业成长论》和《成长的逻辑》中，基于企业持续性、增长性、变革性提出企业成长的"三性模型"。

- 企业持续性。研究企业如何才能活下去，不仅关注企业的原则底线，而且时刻考虑企业组织的可传承性、可继承性。

- 企业增长性。要把企业做大做强，既包括企业的增长，也包括员工的成长。员工成长为企业增长做出贡献，企业增长为员工搭建舞台，最终实现企业与员工的共同成长。

- 企业变革性。企业发展到一定程度后，总要进行主动或被动的变革。是否具备变革性，是决定一个企业能否持续成长的至关重要的一环。

杨杜教授认为，上述三种属性的强弱，决定了企业创业期、成长期、成熟期和衰退（或蜕变）期的成长过程和成长节奏。

4. 企业成长需警惕两大陷阱

企业的成长道路近似于S形的生命周期曲线。企业在成长的战略转折点上很容易掉进两大陷阱：冒进陷阱和保守陷阱。

- 冒进陷阱容易在企业创立七到八年时出现，其发展轨迹是：创业成功—盲目自信—多元投资—快速膨胀—管理失控—短命夭折。

- 保守陷阱一般发生在企业创立20年左右时。此时，经营者永不言弃、誓与企业共存亡的情绪，和员工的盲目忠诚感，使得企业在需要变革时过于谨慎，导致错失新的发展机会。

绕过这两个陷阱的关键在于：一是把握战略转折点；二是强化管理，提升企业核心竞争力。

思考与练习：你所在企业处于哪一个发展阶段？其在战略、组织和文化上的典型特征是什么？

_____

_____

_____

五）推动达成战略共识——达成高度合理的共识，将无往不胜

据《财富》杂志的研究数据，在那些制定了战略的公司里，仅有不到10%的公司有效执行了战略。

是不是感觉挺震惊的？没错，好的战略如果没有被有效执行，同样是无法落地的，也就难以达成目标结果。

为什么战略得不到有效执行呢？或者，影响战略执行落地的原因有哪些？一般有如下四大类原因。

- 远景障碍：企业高层对企业的战略重点缺乏共识。
- 人员障碍：只有少数员工理解自己的日常工作与战略的联系。
- 管理障碍：大部分管理者缺乏根据战略来管理和辅导员工绩效的意愿或技能。
- 资源障碍：只有少数企业将激励与战略相连接。

1. 为什么要达成战略共识

把战略方向的合理性和战略方向的共识度作为两个参考维度,就可以生成战略共识四象限(见图1-5)。从这两个维度引导大家思考企业的战略方向,既要考虑是否合理(合乎道理、事理或规律,有非常清晰的逻辑归因判断过程),还要考虑内部达成的共识程度。

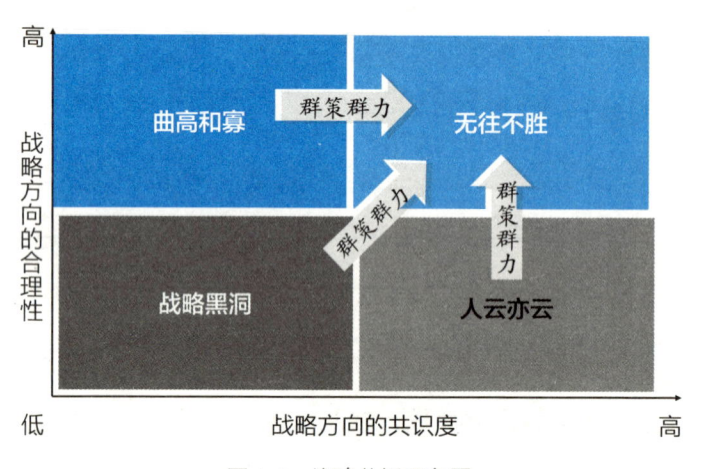

图 1-5 战略共识四象限

如果战略方向既缺乏合理性、共识度也低,那意味着企业完全没有真正意义上的战略管理,就会形成战略黑洞。

如果对战略方向具有较高的共识度,但是合理性低,就会出现人云亦云的局面。

如果战略方向正确合理,但只有战略制定者或者少部分人知道,未能达成全员共识,则会出现曲高和寡的情形。

最好的情况就是战略方向合理性高,同时共识度也高。在这种情况下,推动企业的战略管理工作,应该说是无往不胜的,因为战略方向正确,且所有人高度认同、上下一心。

企业的战略管理者就是要想办法把其他三个象限的局面,通过群策群力，推动到无往不胜这个象限。

2. 如何达成战略共识

达成战略共识一共有三项行动策略，分别是战略共识研讨会、高效的战略沟通、学习型组织。

1）组织高质量的战略共识研讨会

战略共识研讨会的起点是回顾企业使命，确立愿景和战略目标。在这个过程中，企业确定要做什么（进入什么行业）、不做什么（放弃什么行业），再达成战略共识，让战略目标更一致，路径更清晰，人心更齐。

战略共识研讨会流程如下。

（1）高管访谈。准备问题清单，可以借助一些战略分析工具和模板。采用一对一访谈的方式，消除被访者的担忧、焦虑等情绪。针对企业最高领导者的访谈，既需要"拷问"严峻的问题，也需要"回看"走心的问题，如初心、梦想、创业的"冲动点"，以便更好地理解和描述使命、愿景和价值观。针对其他高管的访谈，先不要把最高领导者的战略选择告知他们，避免给他们造成压力或让他们形成依赖，影响他们独立思考。

（2）材料准备和设计战略共识研讨会流程。除了访谈高管，还要相关部门提供市场数据、销售数据、人员组织架构等材料，也要设计好战略共识研讨会的流程、形式和内容。

（3）与高管再次交流。完善战略共识研讨会方案，激发更多深度思考。

（4）实施战略共识研讨会。组织现场研讨，运用提前准备好的工具（最好提前打印，A1标准打印为佳。按研讨会既定流程推动完成，将研讨成果粘贴在会场墙上）。

战略共识研讨会的核心准则如下。

- 第一准则：不忘初心，牢记使命。很多企业在讨论战略时容易忽略"为什么出发"这个深层次的问题。这是企业的初心，也是企业存在的使命。企业成员应该一起回顾、分享那段"激情燃烧的岁月"，无论它是成功的历史，还是艰辛的历程。

- 第二准则：展望愿景，催人奋进。愿景是有时效性的，企业需要确立志存高远的愿景。笔者在培训课堂上常常引用一句"名言"：人生需要吹个牛，然后慢慢实现它。

- 第三准则：开阔视野，同频共识。不少企业一把手可能觉得高管团队对企业战略的理解跟自己相比差距太大，不能在同一个高度上进行研讨。企业一把手需要给高管团队提供开阔的视野，才能更好地达成共识。

- 第四准则：描述战略，激发斗志。远大的愿景能激发积极的情绪。阶段性目标的构成、各阶段的业务重点与组合、实现目标的手段、财务结果等都是需要重点讨论的内容。2016年，澳优集团一年销售额不到30亿元，在确定"黄金十年"的战略方向，并提出五年实现100亿元的战略目标时，不少人持怀疑态度。在2016年战略共识研讨会上，澳优全体员工一起分解目标、研讨共创后，达成了充分的共识。经过几年的努力，澳优集团成功地实现了当年定下的目标。

- 第五准则：共同承诺，责任在我。"纸上得来终觉浅，绝知此事要躬行。"每个层级、每个部门、每个个体都需要做出集体和个人的承诺，共同推进达成共识的战略目标。

战略共识研讨会成功的关键除了践行以上五个准则，还需要营造辩论的氛围，进行开放式讨论，鼓励各抒己见，接纳不同观点。

2）开展高效率的战略沟通

战略沟通一方面是向企业外部的利益相关者传达战略意图，另一方面是让企业内部各层级能够充分了解企业战略。很多高层管理者也强调战略沟通，但是他们常常错把战略信息的传递等同于战略沟通。传递战略信息只是战略沟通的一部分，在企业中只有传递而没有沟通的情况比比皆是。信息只有被接收者理解，沟通才算是完整有效的。只有绝大部分企业成员理解、接受了战略，才是成功的战略沟通。

针对不同层级员工进行战略沟通的要点如下。

（1）针对高层管理者，注重沟通、合作、补偿和控制，设置权力的阻力。

（2）针对中层管理者，着重于培养和选拔，发挥其在企业战略中承上启下的作用。

（3）针对基层管理者和普通员工，侧重于沟通、培训和教育，加强企业战略的基层动力。

进行成功的战略沟通，需要把握以下两个要点。

（1）引导企业员工的态度和行为适应战略的要求。

（2）重视中层管理者在战略执行中的作用，通过举办研讨组、提升领导力等措施来提高中层管理者的综合素质。

3）构建现代化的学习型组织

要实现战略目标，企业必须营造持续学习的氛围，不断进行知识积累和创造，交流和分享经验，以应对不断变化的市场竞争和市场需求。

构建学习型组织可有效地使环境、战略、组织能力三者实现动态匹配。努力构建现代化的学习型组织，能使员工和企业的心智模式更加具有学习性和开放性。

> 思考与练习：你所在企业在推动达成战略共识方面实施了哪些措施？如何做得更好？
>
> _____
> _____
> _____

五、先共识，再落地，后循环—— 定期回看"记录仪"

在当今瞬息万变的环境下，企业应该采取主动的姿态预测未来，影响变化，而不是被动地对变化做出反应。达尔文说过：最终能生存下来的，既不是坚韧顽强的物种，也不是智能高超的物种，而是最会适应变化的物种。

战略共识就像"记录仪"一样，对企业的战略进行"回看"，重新认识、审视战略的重要性，战略构成的"3+1"问题，使命、愿景、价值观和战略目标的关系，战略管理的三个层次，以及当前阶段的战略重心，然后再达成战略共识，为下一步行动提供指引。

曾鸣说："看十年，做一年。"傅盛也说过："战略制定的重要性远远大于执行。"雷军说："不要用战术上的勤奋，来掩盖战略上的懒惰。"可喜的是，越来越多的企业意识到战略和战略管理的重要性。

"回顾过去，立足现在，展望未来"，是每个企业需要进行的思考。而战略正是企业对自身长期发展所做的全面的、深入的思考。只有达成了战略共识，企业才可以实现在时间轴上前后打通，在空间轴上上下打通，在管理层左右打通，在企业边界内外打通。从共识到落地，再回到达成新共识、落地，形成循环，经历"知""用""悟"的环节，最终达成"行"的结果，实现真正的"知行合一"。

希望大家在做战略管理时，都能养成定期回看"记录仪"的好习惯。

02

战略分析

第二章

一、综述：战略规划，分析先行 ——凡事预则立，不预则废

达成战略共识，只是战略流程管理的第一步。要想顺利地推动战略管理工作，还要做规划、抓执行、勤复盘。这是接下来几章的重点内容。

战略规划体现的是做事情之前的计划性。

《礼记·中庸》里说："凡事豫则立，不豫则废。言前定则不跲，事前定则不困，行前定则不疚，道前定则不穷。""豫"，亦作"预"。

在《论持久战》中，毛泽东就列举《礼记·中庸》中的"凡事预则立，不预则废"来说明，没有事先的计划和准备，就不能获得战争的胜利。[1]

预，就是计划、规划。要做"准"规划，分析工作是首要进行的动作。就流程上而言，战略的制定过程（见图2-1）主要围绕着三个关键问题展开：

（1）当前进度如何？回答"我们在哪儿"的问题。

（2）要达成什么目标？回答"我们要去哪儿"的问题。

（3）如何达成目标？回答"我们怎么去"的问题。

上一章对使命、愿景、价值观等问题做了阐释说明。本章重点聚焦如何通过全面的、完整的、科学的分析，用"放大镜"给企业做体检，从而对企业的现状形成清晰的、理性的认识，并判断企业当前的发展进度是否与其战略规划存在差距（见图2-2）。这也是进行下一步——合理制定各层级分解目标、确保达成期望目标的重要前提。

1　出自《毛泽东选集》（第二卷）。

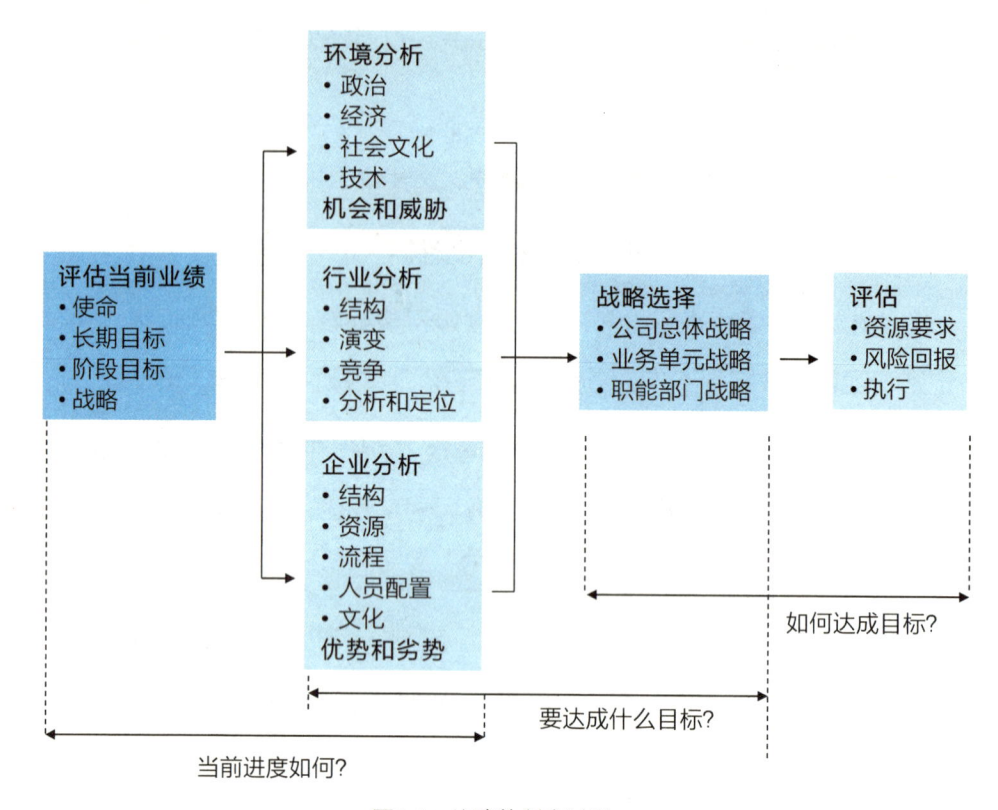

图2-1 战略的制定过程

评估当前业绩
- 使命
- 长期目标
- 阶段目标
- 战略

环境分析
- 政治
- 经济
- 社会文化
- 技术

机会和威胁

行业分析
- 结构
- 演变
- 竞争
- 分析和定位

企业分析
- 结构
- 资源
- 流程
- 人员配置
- 文化

优势和劣势

战略选择
- 公司总体战略
- 业务单元战略
- 职能部门战略

评估
- 资源要求
- 风险回报
- 执行

当前进度如何？　要达成什么目标？　如何达成目标？

图2-1　战略的制定过程

图2-2 极简战略管理SUPER™模型之战略分析

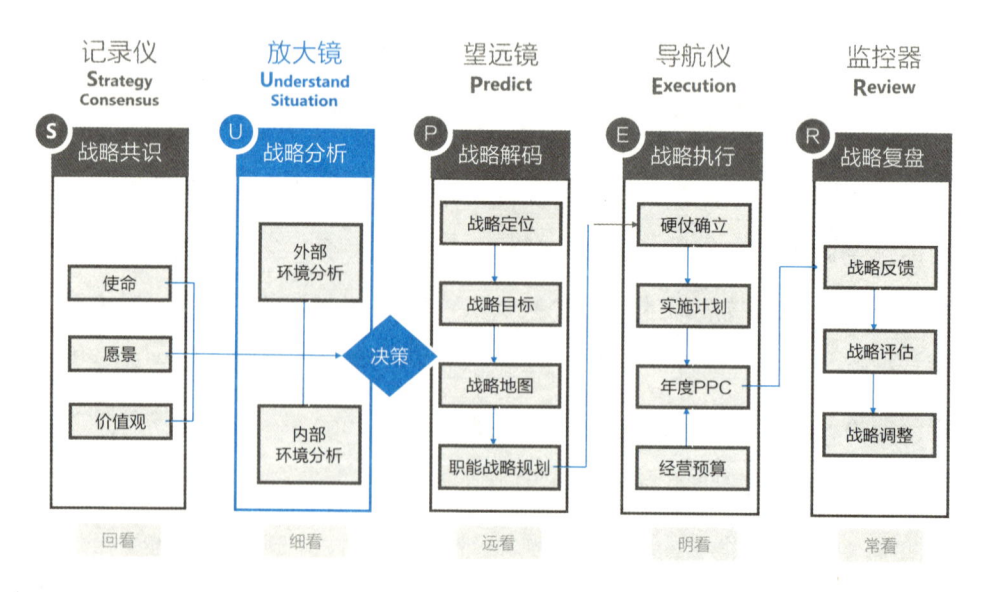

记录仪 Strategy Consensus	放大镜 Understand Situation	望远镜 Predict	导航仪 Execution	监控器 Review
S 战略共识	**U** 战略分析	**P** 战略解码	**E** 战略执行	**R** 战略复盘
使命 / 愿景 / 价值观	外部环境分析 → 决策 → 内部环境分析	战略定位 / 战略目标 / 战略地图 / 职能战略规划	硬仗确立 / 实施计划 / 年度PPC / 经营预算	战略反馈 / 战略评估 / 战略调整
回看	细看	远看	明看	常看

图2-2　极简战略管理SUPER™模型之战略分析

二、战略分析就是这么重要——没有调查，没有发言权

"没有调查，没有发言权"，是中国共产党的一句著名口号。1930年5月，为了反对当时红军中存在的教条主义思想，毛泽东同志专门写了《反对本本主义》一文，提出"没有调查，没有发言权"的著名论断。1931年4月2日，毛泽东在《总政治部关于调查人口和土地状况的通知》中，对"没有调查，没有发言权"的论断做了补充和发展，提出"我们的口号是：一、不做调查没有发言权。二、不做正确的调查同样没有发言权。"毛泽东深刻阐明了反对主观主义特别是教条主义、坚持实事求是的重要意义。

对于企业战略管理来说，战略分析非常重要，一定要在尊重事实的基础上进行规划，从而确定企业的战略目标，并制定达成路径、执行标准等。

假如没有经过前期的周密分析，企业便去执行一个市场推广活动，可能出现活动效果不好的情况，这对企业而言损失的可能仅仅只是些许资金、产品、物料。

然而，如果没有经过战略分析就去推动战略执行落地，最终失败导致的后果，对企业而言就是万劫不复的深渊了。

因此，重视战略分析，就是对企业战略管理最基本的尊重。

三、战略分析全景图——用好放大镜，知彼又知己

要想全面、完整、科学地做好战略分析，首先需要构建好一幅战略分析的"全景图"。简单来说，就是要清楚应该从哪些维度入手分析，可以用哪些工具分析，以及如何分析。

清朝陈澹然在《寤言二·迁都建藩议》说："不谋万世者，不足谋一时；不谋全局者，不足谋一域。" 说的是要树立全局观念。唯物辩证法认为，在整体和部分、系统和要素的关系中，整体或系统处于统率、决定地位。因此，在企业经营活动中应该具备整体观、系统观。

那么，为什么在做企业战略管理时，特别强调要从空间（见图2-3）和时间（见图2-4）上进行全局考虑呢？

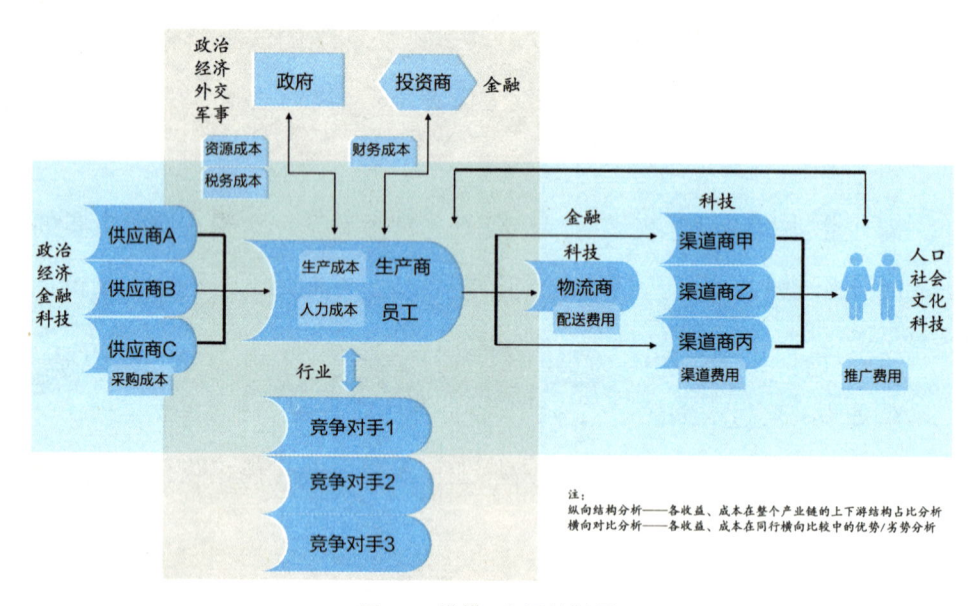

图2-3 纵横-空间轴谋局

如果从空间上谋局，就是静态的、截面的分析，因此还要从时间维度进行长远思考，正如很多企业宣扬的"不做500强，要做500年"，像阿里巴巴就希望成为102年的企业。

当拉长时间进行思考的时候，就能更多地看到"趋势""规律"。战略管理工作也是一样，战略认知边界，即企业核心高管团队的战略认知边界，决定了企业的规模边界。是从布局看终局，还是从终局看布局，企业发展的结果是完全不同的。

第二章 战略分析 039

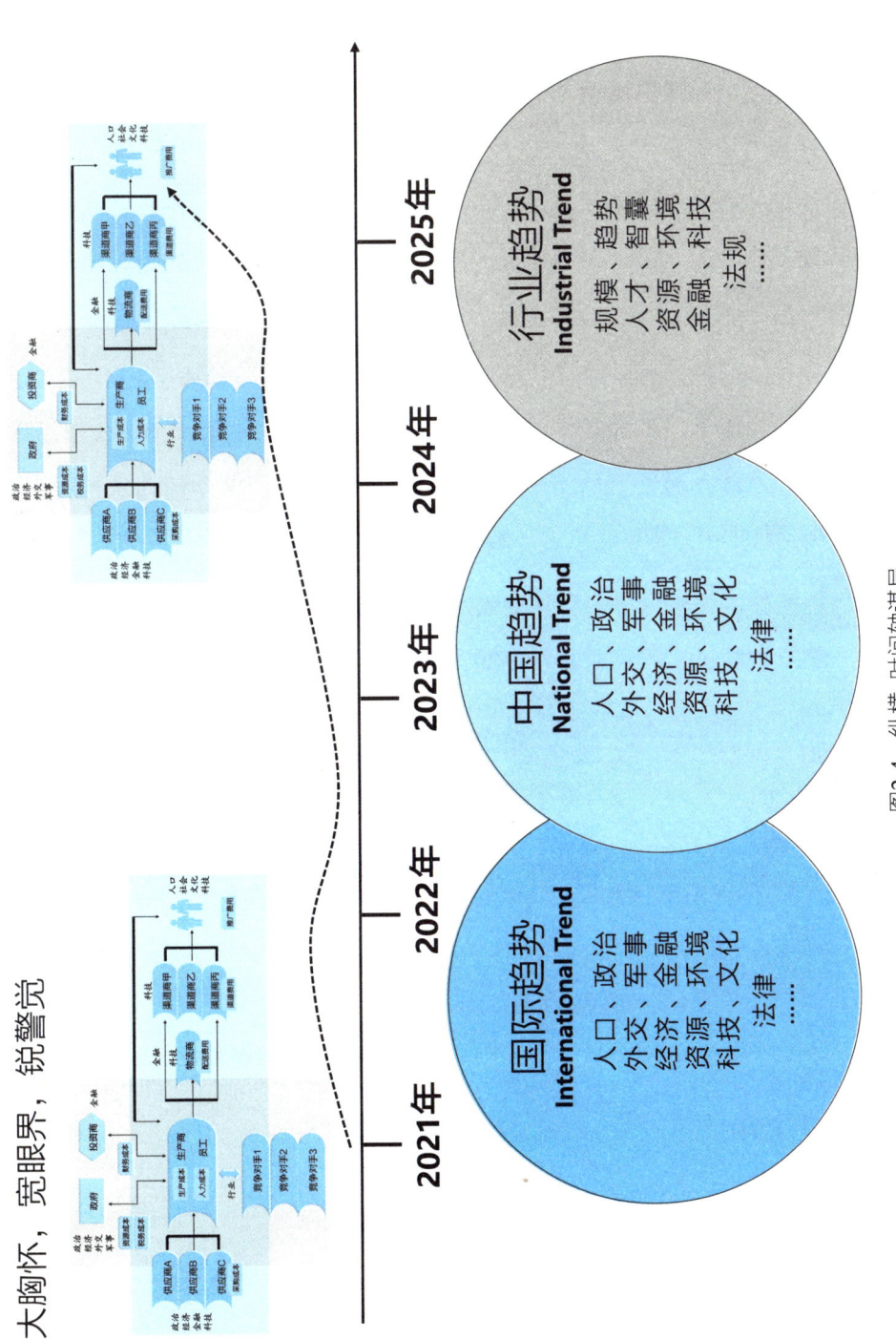

大胸怀，宽眼界，锐警觉

| 2021年 | 2022年 | 2023年 | 2024年 | 2025年 |

国际趋势
International Trend

人口、政治
外交、军事
经济、金融
资源、环境
科技、文化
法律
……

中国趋势
National Trend

人口、政治
外交、军事
经济、金融
资源、环境
科技、文化
法律
……

行业趋势
Industrial Trend

规模、趋势
人才、智囊
资源、环境
金融、法规
科技
……

图2-4 纵横-时间轴谋局

这里给大家举个例子。

2013年，当时笔者给浙江一家民营企业提供营销体系咨询服务，客户表示找笔者的原因是，他们也想把企业发展为年营业收入达100亿元的企业，而笔者不仅在年营业收入100亿元级别的企业工作过，还曾用两年时间辅助某企业实现了年营业收入从50多亿元到100多亿元的跨越。笔者对与客户的那段对话仍记忆犹新。当时这家浙江的企业年营业收入在60亿元以内，笔者问客户："您想过吗？假设贵公司现在已经达到100亿元的规模了，公司的各方面会是什么样的？比如，工厂规模、产品品类、客户类型、人力资源、财务管理体系、物流供应链等方面。假如站在公司规模达到100亿元的角度来考虑问题，是不是要思考的问题就不同了？"

两年后，这家企业的年营业收入果然超越了100亿元。再后来，这家企业一路高歌猛进，年营业收入在2020年突破了300亿元！

所以，本章的战略分析会重点从表2-1所示的维度展开。

表2-1　战略分析的重要维度

维度	分析内容	
外部环境分析	宏观环境（PEST模型）	不确定性
	行业环境	行业生命周期
	微观环境（五力分析模型）	
内部环境分析	企业资源	企业价值链
	产品结构（BCG矩阵）	业务组合（GE矩阵）
	核心竞争力	标杆对比
	竞争对手	
综合系统分析	SWOT分析	

四、外部环境分析

对于外部环境分析，着重从宏观环境、不确定性、行业环境、行业生命周期和微观环境这五个方面展开。

对于企业而言，外部环境分析还可以从其他方面着手。本书之所以选择这五个方面，主要是因为笔者在企业做战略管理工作的实践经验。相对而言，外部环境分析的这五个方面对企业战略管理工作的影响较高，值得大家重点关注。

一）宏观环境分析——这个"宠物"太大了

"宏观环境分析"这个词听起来比较宏大，涵盖范围比较广，但其实可以将它理解为分析一般环境，即分析影响行业和企业的各种宏观力量。

1. PEST模型的概述

一般会使用PEST模型进行宏观环境分析，这四个英文字母分别代表四大类环境因素，分别是Political（政治法律环境）、Economic（经济环境）、Social（社会文化环境）和Technological（技术环境）。

PEST模型可分析的要素比较多，但是可着重关注那些跟企业所在行业相关的因素的变化，因为这些因素跟企业的生存和发展息息相关。首先，全面地收集这些因素相关的信息。其次，分析各因素的变化，及其未来可能给企业带来的机遇和威胁。最后，根据企业所拥有的能力和所掌握的资源提出相关的对策。具体内容可参考表2-2。

表 2-2　PEST 模型

政治法律环境（Political）	经济环境（Economic）	社会文化环境（Social）	技术环境（Technological）
• 环保制度 • 税收制度 • 国际贸易章程与限制 • 合同执行法 • 消费者保护法 • 雇用法律 • 政府组织/态度 • 竞争规则 • 政治稳定性 • 行业性法规 • ……	• 经济增长 • 利率与货币政策 • 政府开支 • 失业政策 • 征税 • 汇率 • 通货膨胀率 • 商业周期的所处阶段 • 可支配收入 • 消费者信心 • ……	• 收入分布 • 人口统计、人口增长率与年龄分布 • 劳动力与社会流动性 • 生活方式变革 • 职业与休闲态度 • 企业家精神 • 教育水平 • 区域特性 • 健康意识、社会福利及安全感 • ……	• 技术壁垒 • 政府研究开支 • 产业技术关注 • 新型发明与技术发展 • 技术转让率 • 技术更新速度与生命周期 • 能源利用与成本 • 信息技术变革 • 代替技术出现 • ……

1）政治法律环境

政治法律环境是指影响和制约企业经营活动的政府机构、法律法规及公众团体等。政治法律环境是影响企业经营活动的重要宏观环境因素，包括政治环境和法律环境。政治环境引导着企业经营活动的方向，法律环境则为企业规定经营活动的行为准则。政治与法律相互联系，共同对企业的经营活动产生影响和发挥作用。

2）经济环境

经济环境包括宏观和微观两个方面。宏观经济环境主要指一个国家的人口及经济增长趋势，国民收入、GDP、税收制度等因素及其变化情况，以及通过这些因素反映的国民经济发展水平和发展速度。微观经济环境主要指企业的产品所面向消费者的收入水平、消费者信心、储蓄情况、可支配收入等因素。企业取得战略成功，很大程度上取决于企业能很好地适应外部经济环境。

2020年对中国经济最重要的影响因素莫过于新冠病毒肺炎疫情。这一"黑天鹅"导致全国多地封锁隔离，许多企业不能聚集人员、开展生产，对经济造成严重的影响。但同时，危与机并存，消费者居于家中，消费场景从线下转移到线上，在流量的带动下，互联网企业又迎来一个风口。2020年堪称素人直播、大众直播的元年，极大程度地推动了企业数字化变革。

3）社会文化环境

社会文化环境是指企业所处的社会结构、社会风俗和习惯、信仰和价值观念、行为规范、生活方式、文化传统、人口规模与地理分布等因素的形成和变动。社会文化环境是影响企业经营的诸多变量中最复杂、最深刻、最重要的变量。对企业战略的影响是间接的、潜在的和持久的。

究其原因，社会文化是某一特定人类社会在其长期发展历史过程中形成的，它主要由特定的价值观念、行为方式、伦理道德规范、审美观念、宗教信仰及风俗习惯等内容构成，它影响和制约着人们的消费观念、需求欲望及特点、购买行为和生活方式，对企业经营产生直接影响。

例如，某乳品企业在分析某个城市的人口因素时，发现该城市总体人口数量保持平稳、新生儿数量近两年呈现增长趋势、二胎家庭明显增多、可查证户口本的家庭户数增加（有外来迁入居民）、人口老龄化加快等情况。面对这些因素的变化，该企业面临的机遇可能是婴幼儿奶粉市场总量将变大、老年奶粉市场有新的增长点。该企业可能面对的威胁是产品品类、市场布局、品牌教育不够成熟；潜在竞争对手进入市场抢夺客户。该企业可以考虑的对策是提前完善产品结构，提前做好区域市场布局，进行消费者教育，抢占终端门店等，从而建立竞争壁垒。

4）技术环境

评估技术环境，需要考察与企业生产活动直接相关的生产技术的发展变化，国家对科技开发的支持，生产领域技术发展动态，技术转移和技术商品化速度及更新速度，技术专利及保护情况，等等。新技术的发明和应用，既可能带动一批新行业兴起，又可能对一些行业造成颠覆性改变。

技术要素不仅包括那些引起颠覆性变化的发明，还包括与企业生产有关的新技术、新工艺、新材料的出现、发展及应用前景。

5G时代将会产生很多新的应用场景，如催生了5G无人机的时代。5G技术很好地契合了无人机的发展需求，5G网络的低时延、高速度提升了无人机数据处理的速度和数据传输的稳定性。尽管无人机目前仅用于拍摄和娱乐场景，但很快将引入商用和工业领域，亚马逊公司在前不久就完成了首次无人机送货。无论是用于物流运输，还是未来用于公共安全保护的侦测、巡逻、跟踪和勘查，无人机的应用场景都将大大增加，因为市场需求在不断扩大。

2. PEST模型的优缺点

PEST模型的分析维度非常全面，但多数情况下容易分散。

PEST模型的显而易见的优点是，作为战略决策依据，它可以从宏观层面全面地分析外部环境，从变动的因素上探索某个行业可能的发展潜力，企业能整体把握其发展前景，可以及时地对各方面的变动做出反应，制定出对应的改变策略。另外，PEST分析相对简单，可通过头脑风暴法来完成。

PEST模型的一个明显的缺点在于，其涉及的子因素多，要求企业考虑更多因素。

3. PSET模型的具体应用

PEST分析的应用领域有：企业战略规划、市场规划、产品开发运营、研究报告撰写。但其信息收集过程是琐碎的、持久的。PEST模型中的某一项或者几项对某些企业的影响比较大，所以企业在分析时要抓住重点，对一个或者几个方面进行深入分析，如政府的工作报告、行业协会的数据、专业论坛的观点、相关领域的法律法规变动等。PEST分析针对的是宏观环境，企业不需要对所有因素都进行深度分析，如果做不好就成了花架子，导致"假、大、空"的问题。

虽然PEST模型仅仅提供一个分析的框架，大量具体的指标落到实际环境中解读才有意义，但PEST模型对于企业战略的制定仍具有重大意义，因为其分析重点在于行业相关因素的变化给企业带来的机会和威胁。

通常情况下，采用如下方法进行PEST分析：在四大类环境因素中，每大类选取三个以上重点因素，用德尔菲法或打分法，依次进行排序，找出得分最高的三个因素（见表2-3）。

表2-3　PEST 分析维度打分表

内容	行业的相关因素	具体的变化与趋势	机遇	威胁	对策
政治法律环境	• 行业法规 • 特殊要求				
经济环境	• GDP • 地区经济发展 • 居民可支配收入				
社会文化环境	• 人口数量 • 家庭户数 • 年龄结构 • 收入水平 • 具体消费心态变化 • 购买倾向				

续表

内容	行业的相关因素	具体的变化与趋势	机遇	威胁	对策
技术环境	• 本产业技术变化 • 竞争产业技术变化				

思考与练习：使用PEST模型分析你所在的行业。

_____

_____

_____

_____

二）不确定性分析——"黑天鹅"与"灰犀牛"

在多年的企业管理及企业营销管理咨询从业中，笔者经常听到企业管理者感叹：时代变化太快了，不确定性太大了！这让很多管理者无所适从。其实，不确定性是常态。对于企业经营来说，如何保持足够的战略定力，拥抱市场的不确定性，是必修课。对于战略管理而言，直面不确定性，找到不变的规律，针对变化的现象，做出动态管理，才是正道。

"黑天鹅事件"指非常难以预测且不寻常的事件，通常会引起连锁的负面的反应，甚至颠覆原有的市场状态。一般来说，"黑天鹅事件"是指满足以下三个特点的事件：具有意外性；产生重大影响；虽然它具有意外性，但人的本性促使我们在事后为它的发生编造理由，并且或多或少认为它是可解释和可预测的。"黑天鹅事件"存在于各个领域，无论商业活动还是个人生活，都逃不过它的控制。

"灰犀牛事件"是与"黑天鹅事件"互补的概念。"灰犀牛事件"指太过于常见以至于人们经常忽视的风险事件，"黑天鹅事件"则是极其罕见的、出乎人们意料的风险事件。

考特尼、柯克兰和维格里在《不确定性下的战略选择》一文中提出，采用未来要么可知、要么不可知的二分法来应对不确定性可能会非常危险，在具有内在不确定性的情况下强行进行精确预测，可能导致战略思考产生严重缺陷。所以，他们建议关注战略环境中所呈现出的剩余不确定性水平，即分析了所有可知的变革力量且区分了剩余不确定性的四个级别后剩下的不确定性。

可以使用表2-4所示的级别来讨论各种不确定性情况。

表2-4 不确定性级别的描述及适用情况

级别	描述	适用情况
第一级：足够清晰的未来	有些战略环境足够透明稳定，可以有足够的把握得出对未来的单一预测	很多成熟、技术含量低的行业属于这个范畴；也适用更狭义的战略挑战，比如在特定市场或地区与特定竞争者对抗
第二级：可选择的未来	在这种情况下，我们也许无法确切地预测会出现哪种结果，但完全可以知道一系列可能出现的结果	被重大立法或法规变化影响的企业属于这个范畴
第三级：一系列未来	这是更高程度的不确定性，我们可以确认可能构建未来的变量，但我们无法将这个认知简单化为少数独立、合理的结果	事实上可能出现一系列几乎式连续的结果。即使所能提供的最好的市场调研，也许也只能确认潜在市场占有率的一个大致范围
第四级：完全不确定的未来	甚至连可能构建未来的驱动力量都难以确认。因此无法预测单独的情况，甚至一系列可能的结果也无法预测	战略环境的每个方面都充满了不确定性，在这种情况下，传统的分析技术和预测工具帮不上什么忙

如果属于不确定性的第一级范畴，企业可以进行传统分析。进行简单的趋势推断基本上可以让企业判断出在更大的政治法律、经济、社会文化和技术环境中正在发生什么。企业还可以用迈克尔·波特的五力分析模型

和标准的竞争者分析技术勾勒出行业层面的整体框架。

如果属于不确定性的第二级范畴，企业可以用标准技术分析每套独立的结果，但不同的情景可能要求企业进行不同维度的分析。这可能增加分析比较的难度。另外，随后必须用决策分析技术评估每种情景出现的可能性。

如果属于不确定性的第三级范畴，可以用情景分析等技术进行分析。

不确定性的第四级范畴是最难分析的，一般只可能进行片面分析，而且主要是定性分析，难以用定量分析。这种情况下，可以分析过去出现过的情况、有可比性的环境以及所汲取的战略经验。

思考与练习：你所在行业有哪些不确定性？你是怎么分析的？

_____

_____

_____

三）行业环境分析——让天下没有难做的生意？

1. 竞争越不激烈，生意越好做？

按照一般的思维，做生意，当然应该去竞争对手少的地方。然而，现实生活中，企业、商家却是偏偏喜欢去竞争对手多的地方。比如，小商品批发商都在义乌扎堆，鞋厂都在福建晋江、广东东莞等地扎堆。这是为什么呢？

经济学中有个名词叫规模效益，指经济规模的变动所引起的经济效益的提高。规模效益的形成是由于更大的生产规模、更多的生产产品分摊了固定成本。几百万辆汽车分摊了研发成本、生产线成本，于是单位固定成本得以下降。小商品批发商云集义乌，就分摊了运输成本、信息成本、人工成本等。鞋厂云集晋江，道理也是如此。

另一方面，规模越大，分工越细，信息利用越充分，效率越高。但是规模不可以无限扩张下去。规模大到效益不足以弥补边际产出递减的时候，就不应再扩大。

2. 行业环境分析的目的

行业是指国民经济中同性质的生产、服务或其他经济社会的经营单位或个体组成的组织结构体系。

企业是在一定行业内进行生产经营活动的，研究企业外部环境必须掌握行业特点。行业环境分析的目的是预测产业发展趋势，判断竞争要素，揭示行业竞争格局，识别利润和发现利润区，明确投资时机和切入点。

3. 行业环境分析的内容

行业环境分析一般包括以下几个方面。

1）行业规模和增长率分析

分析行业规模和增长率是为了判断市场趋势，判断是否应该将某个市场作为增长出发点，并在必要的时候，给出产品定义，明确主要驱动力。

大家经常会说，是做小池塘里的大鱼，还是做大池塘的小鱼，抑或是做大池塘里的大鱼。这句话说的就是产业规模和选择。

2）行业集中度分析

行业集中度是决定市场结构最基本、最重要的因素，集中体现了市场的竞争和垄断程度。

一般而言，集中度迅速上升的行业发展机会大，企业在如果在此时加大市场投入，加快渠道建设，通常可以取得一定的效果。而集中度稳定的行业一般机会不大，因为企业的努力会遭到行业头部企业的集体抵制，此时差异化竞争、细分赛道竞争的策略才更有效。

另外，一些宏观因素，如政府政策，也会影响行业集中度。

从行业集中度这个维度出发，可以将市场分成几个不同的市场类型，不同的市场类型可以采取不同的策略导向（见图2-5）。

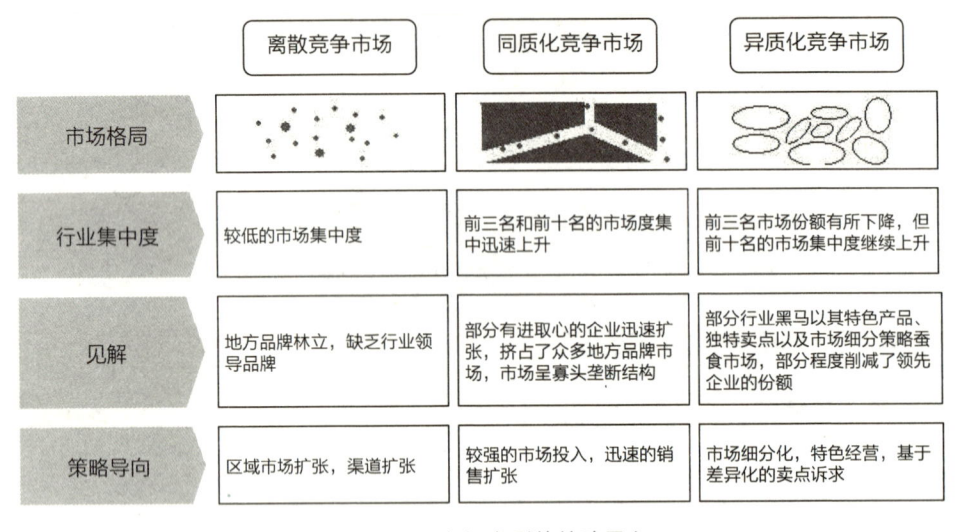

	离散竞争市场	同质化竞争市场	异质化竞争市场
市场格局			
行业集中度	较低的市场集中度	前三名和前十名的市场度集中迅速上升	前三名市场份额有所下降，但前十名的市场集中度继续上升
见解	地方品牌林立，缺乏行业领导品牌	部分有进取心的企业迅速扩张，挤占了众多地方品牌市场，市场呈寡头垄断结构	部分行业黑马以其特色产品、独特卖点以及市场细分策略蚕食市场，部分程度削减了领先企业的份额
策略导向	区域市场扩张，渠道扩张	较强的市场投入，迅速的销售扩张	市场细分化，特色经营，基于差异化的卖点诉求

图2-5　不同市场类型的策略导向

为了便于读者理解，用下面这个案例来进行解读。

中国的婴幼儿奶粉行业的行业集中度这几年提升很快，头部企业发展空间大。2010—2019年，国内奶粉行业集中度总体呈上升态势，2019年中国奶粉行业CR3、CR5、CR10份额分别为36.9%、49.6%、75.4%，而同时美国奶粉行业CR3、CR5、CR7份额分别为90.5%、97.2%、98.2%。[1]通过国际比较，可以认为国内奶粉行业的行业集中度仍有较大提升空间。

---

[1] 参考《2020年中国奶粉行业分析报告——市场深度调研与发展前景研究》。CR是英文concentration rate的缩写，意思是"集中度"。CRn是指在某一个行业中，市场占有率排名前n家的企业的市场占有率之和。这项指标常常用来衡量和判断一个市场的竞争程度。

配方奶粉行业受新冠病毒肺炎疫情影响有限，增长预期明显。配方奶粉是婴幼儿刚需，虽然全球新冠病毒肺炎流行，但配方奶粉行业是少数不会受到剧烈冲击的行业。近几年，多家配方奶粉企业表示，他们预估新冠病毒肺炎疫情不会对本企业的财务或经营状况造成任何不利影响，并且发布了正面盈利预告。

4. 行业环境与竞争环境的区别

竞争环境是指企业在特定的区域市场和产品范围内面临同行竞争的环境。竞争环境是最直接影响企业战略的因素。企业可以把竞争环境的范围缩小到某一种产品，如个人计算机，此时企业所面临的竞争环境就是由所有个人计算机生产厂商所形成的竞争环境。企业如果将同行的范围略微扩大，如以家电产品为同行范畴，在这范畴内就包括电视、冰箱、空调等不同产品品类。

竞争环境与行业环境的不同点在于：行业环境是从全行业的角度思考问题；而竞争环境则是从个别企业的角度思考问题，观察特定区域内同行的竞争状况，或者观察同行在原材料取得、产品市场占有等企业活动上与其他企业的竞争状况。

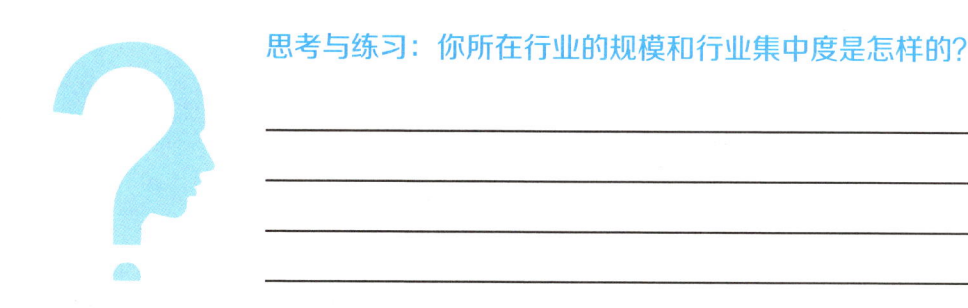

思考与练习：你所在行业的规模和行业集中度是怎样的？

_____

_____

_____

_____

（四）行业生命周期分析——行业也有生老病死

人有生老病死，行业也不例外。一般把行业的生老病死称作行业生命周期。

1. 行业生命周期各阶段的特征

<u>行业生命周期理论</u>是企业战略管理实践中在分析企业内外部环境时广泛使用的一种重要理论。它把一个行业的生命周期分成推出期、成长期、成熟期和衰退期四个阶段。企业经常用行业生命周期理论来判断是否进入某个行业，以及如何将有限的资源分配给现有各业务单元。

图2-6解析了行业生命周期各阶段的特征。

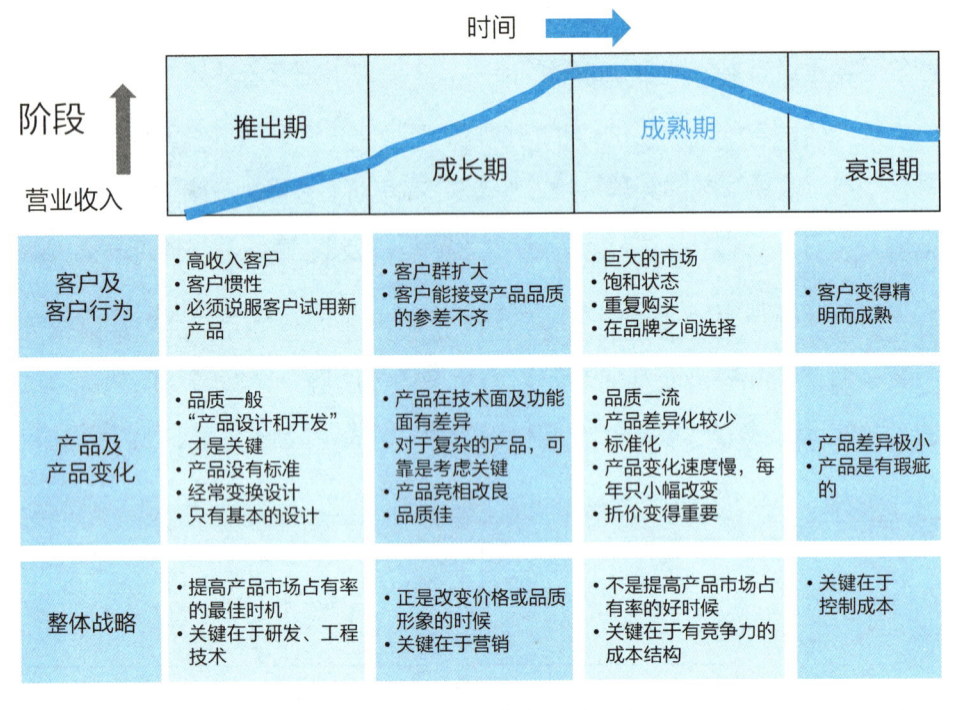

阶段	推出期	成长期	成熟期	衰退期
客户及客户行为	• 高收入客户 • 客户惯性 • 必须说服客户试用新产品	• 客户群扩大 • 客户能接受产品品质的参差不齐	• 巨大的市场 • 饱和状态 • 重复购买 • 在品牌之间选择	• 客户变得精明而成熟
产品及产品变化	• 品质一般 • "产品设计和开发"才是关键 • 产品没有标准 • 经常变换设计 • 只有基本的设计	• 产品在技术面及功能面有差异 • 对于复杂的产品，可靠是考虑关键 • 产品竞相改良 • 品质佳	• 品质一流 • 产品差异化较少 • 标准化 • 产品变化速度慢，每年只小幅改变 • 折价变得重要	• 产品差异极小 • 产品是有瑕疵的
整体战略	• 提高产品市场占有率的最佳时机 • 关键在于研发、工程技术	• 正是改变价格或品质形象的时候 • 关键在于营销	• 不是提高产品市场占有率的好时候 • 关键在于有竞争力的成本结构	• 关键在于控制成本

图2-6 行业生命周期各阶段的特征

从营业收入的角度看，从推出期到成熟期，营业收入是增长的曲线；而从成熟期到衰退期，营业收入是衰落的曲线。在不同的阶段，行业会表现出不同的特征。把握这些特征，能让企业管理者在分析具体问题时明白更准确的方向、得到更具体的指引。在此重点关注行业处于成熟期的特征，因为大部分企业所在的行业正处于成熟期或者正在向成熟期过渡。

当行业处于成熟期，从客户及客户行为上看，客户有重复购买的需要，一般会在多品牌之间做选择。从产品及产品变化上看，产品品质已经达到相对较高的水准，但是市场上产品差异化较小，产品更新速度慢，折价在市场占有中变得更加重要。从整体战略上看，此时不是提高产品市场占有率的好时机，企业具有有竞争力的成本结构至关重要。

例如，分析中国家电行业的生命周期，白电已经进入成熟期，厨房电器正处于成长期，厨房电器市场正在逐步替代白电，成为中国家电市场主要的增长驱动力。新兴品类处于推出期，潜在投资机会很大，在洗碗机、嵌入式烤箱、吸尘器、空气净化器、净水器、扫地机器人、干衣机等领域，将涌现出大量细分市场的小龙头。

2. 行业生命周期分析的注意事项

在进行行业生命周期分析时，要注意以下事项。

（1）行业生命周期曲线仅从行业的角度考虑问题，忽略了产品型号、质量、规格等差异。

（2）行业生命周期曲线是一条近似的假设曲线，通常是一致定性的理论。

（3）其运用具有局限性。因为行业生命周期曲线是抽象的理论图示，与各行业按照实际销量所绘制的本行业生命周期曲线会有一定的出入。有些行业的演变是从集中到分散，有的是由分散到集中，各行业的行业生命周期曲线不一定能吻合。

（4）行业生命周期分析需要与其他方法结合使用，以避免陷入分析的片面性。

思考与练习：你的企业所在的行业目前处于行业生命周期的哪个阶段？你的企业选择了什么战略？

_____

_____

_____

五）微观环境分析——小米要做电动汽车

1. "新兵"小米

2021年3月30日晚，雷军在社交平台发文称自己"又迎来一次蜕变，成为电动汽车行业的一位新兵"。

小米官方发布的公告称，董事会正式批准智能电动汽车业务立项，拟成立一家全资子公司，由集团董事长雷军兼任CEO。首期投资为100亿元，预计未来10年投资100亿美元。

不仅如此，雷军借着"华夏同学会"的"东风"，坐镇小米总部，邀请并接待了半个新能源汽车圈的大佬，共商国产电动车进取革新、攻防之策！

2. 五力分析模型

五力分析模型（见图2-7）又称波特五力分析模型，由迈克尔·波特提出，对企业战略制定产生了深远影响。

五力分析属于外部环境分析中的微观环境分析，主要用来分析本行业的企业竞争格局及本行业与其他行业的关系，以便企业更好地了解机会和威胁。五力分析模型不是简单地描述五个方面，而是在描述过程中分析它们对企业的成本和收益结构的影响，对市场地位（特别是谈判地位）的影响，以便企业在面临各方面挑战时采取针对性对策。

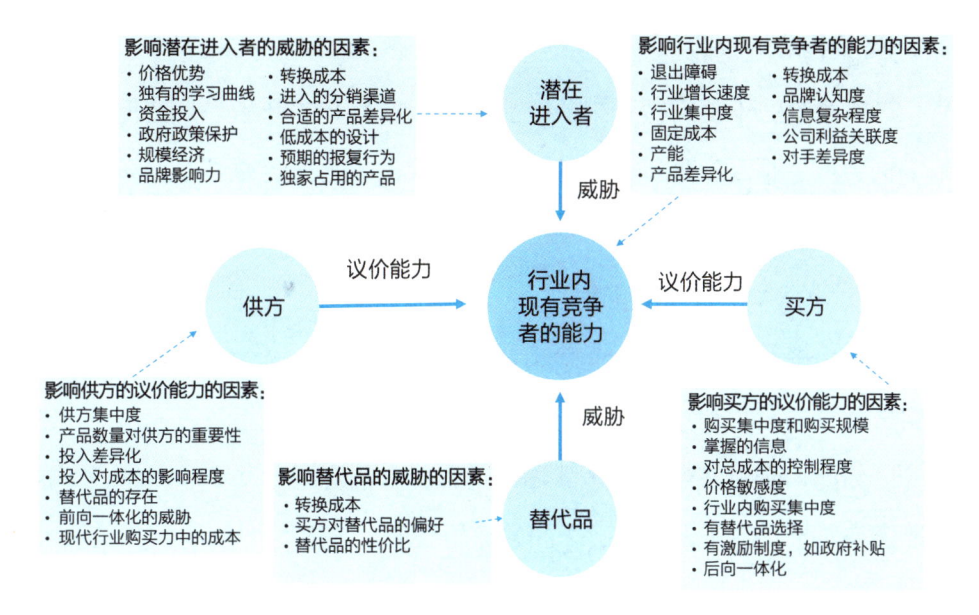

图2-7 五力分析模型

影响潜在进入者的威胁的因素：
- 价格优势
- 独有的学习曲线
- 资金投入
- 政府政策保护
- 规模经济
- 品牌影响力
- 转换成本
- 进入的分销渠道
- 合适的产品差异化
- 低成本的设计
- 预期的报复行为
- 独家占用的产品

影响行业内现有竞争者的能力的因素：
- 退出障碍
- 行业增长速度
- 行业集中度
- 固定成本
- 产能
- 产品差异化
- 转换成本
- 品牌认知度
- 信息复杂程度
- 公司利益关联度
- 对手差异度

影响供方的议价能力的因素：
- 供方集中度
- 产品数量对供方的重要性
- 投入差异化
- 投入对成本的影响程度
- 替代品的存在
- 前向一体化的威胁
- 现代行业购买方中的成本

影响替代品的威胁的因素：
- 转换成本
- 买方对替代品的偏好
- 替代品的性价比

影响买方的议价能力的因素：
- 购买集中度和购买规模
- 掌握的信息
- 对总成本的控制程度
- 价格敏感度
- 行业内购买集中度
- 有替代品选择
- 有激励制度，如政府补贴
- 后向一体化

1）供方的议价能力

这指供方通过提高投入要素价格或降低单位价值质量的竞争手段，来影响行业中现有企业的盈利能力与产品竞争力的能力。供方的议价能力的强弱主要取决于他们所提供给买方的是什么投入要素，当供方所提供的投入要素的价值构成了买方产品总成本的较大比例时，供方对于买方的议价能力大大增强。

2）买方的议价能力

这指买方主要通过压低价格或要求提供较高质量的产品或服务等竞争手段，来影响行业中现有企业的盈利能力的能力。

3）潜在进入者的威胁

它描述的是潜在进入者在给行业带来新生产能力、新资源的同时，因为希望在已被现有企业瓜分完毕的市场中占据一席之地，可能会与现有企业竞争原材料与市场份额，最终导致行业中现有企业盈利水平降低。

4）替代品的威胁

它指两个处于不同行业中的企业，由于所生产的产品互为替代品，导致它们会产生相互竞争行为。这种源自替代品的竞争会通过各种形式影响行业中现有企业的竞争战略。

5）行业内现有竞争者的能力

大部分行业中，不同企业的利益是紧密联系的，而作为公司总体战略的组成部分的竞争战略，其目标在于使自己的企业获得相对于竞争对手的优势。因此，企业在实施竞争战略的过程中必然会导致冲突与对抗，而这些冲突与对抗构成了现有企业之间的竞争程度。

3. 五力分析模型的应用解析

五力的组合决定了行业的利润水平。如果企业处在一个供方议价能力低，买方议价能力也低，有行业壁垒，潜在竞争者不易进入，没有替代品，并且行业竞争也不充分的行业中，这个企业一定是高利润、高垄断的"高帅富"企业。

无论这五力的合力有多强大，企业决策者的目标都是在行业中寻找一个合适的位置，企业能在这个位置上更好地保护自己，对抗这些力量或者对这些因素施加影响。

4. 相关影响要素评估

（1）影响供方的议价能力的因素，可能有供方集中度、投入差异化、投入对成本的影响程度等。

（2）影响买方的议价能力的因素，可能有掌握的信息、对价格的敏感度、对总成本的控制程度等。

（3）影响潜在进入者的威胁的因素，可能有价格优势、品牌影响力、资金投入、政府政策保护等。

（4）影响替代品的威胁的因素，可能有转换成本、买方对替代品的偏好、替代品的性价比等。

（5）影响行业内现有竞争者的能力的因素，可能有产能、产品差异化、转换成本、品牌认知度等。

总的来说，分析、评估好这些影响因素，讨论上面五种竞争力量，能帮助企业在制定竞争战略的时候，做出更科学的决策，增强自己的市场地位与竞争力。

5. 五力分析模型对战略的影响

五力分析模型的意义在于，五种竞争力量的抗争中蕴含着三种战略，那就是大家熟知的成本领先战略、差异化战略和集中战略。

面对行业内的五种竞争力量，可以分别从三种战略的方向进行思考（见表2-5）。

表 2-5 五力分析模型与一般战略的关系

行业内的五种竞争力量	一般战略		
	成本领先战略	差异化战略	集中战略
潜在进入者的威胁	具备杀价能力以阻止潜在进入者	培育顾客忠诚度以挫伤潜在进入者的信心	通过集中战略建立核心能力以阻止潜在进入者
买方的议价能力	具备向大买家出更低价格的能力	因为选择范围小而削弱了大买家的谈判能力	没有选择范围使大买家丧失谈判能力

续表

行业内的五种竞争力量	一般战略		
	成本领先战略	差异化战略	集中战略
供方的议价能力	更好地抑制供方的议价能力	更好地将供方的涨价部分转嫁给顾客	进货量低，供方的议价能力就高，但集中差异化的公司能更好地将供方的涨价部分转嫁出去
替代品的威胁	能够利用低价抵御替代品	顾客习惯于一种独特的产品或服务，因而降低了替代品的威胁	特殊的产品和核心能力能够防止替代品的威胁
行业内现有竞争者的能力	能更好地进行价格竞争	品牌忠诚度使顾客不理睬你的竞争对手	竞争者无法满足集中差异化顾客的需求

例如，面对潜在进入者的威胁，从成本领先战略方向考量，需要企业具备很好的杀价能力；从差异化战略方向考量，需要企业培育顾客的忠诚度；从集中战略方向考量，需要企业通过集中战略于建立核心能力。

6. 提醒

事实上，五力分析模型存在一定的缺陷，因此该模型更适合作为一个理论思考工具。

思考与练习：如何用五力分析模型分析你所在的行业？

_____
_____
_____
_____

五、内部环境分析

内部环境分析也有很多维度，在本书中，笔者根据工作实践挑选了一部分跟战略管理相关度高、对市场竞争能力影响较大的因素，分别是企业资源、企业价值链、产品结构、业务组合、核心竞争力、标杆对手、竞争对手等七个因素。

一）企业资源分析——你也能跑马拉松？

当笔者跟别人说："过去5年多，我已经跑过全马和半马合计超过130场。"很多人都会打量笔者一番，不太相信地道："就你？你也能跑马拉松？"

因为笔者的体型不是瘦瘦的"马拉松体型"，甚至还有点超重。但是笔者比较壮，并且多年从事培训工作让笔者练就了一站就是几天的体能，加上注意科学训练和营养补充，基本上能合理分配每场马拉松的体能与时间，顺利地、无伤地完赛……在这一次次的积累下，笔者实现了第一个100场的"战略目标"，正在向"百马人生"的第二个100场目标前进。

企业资源分析就是盘点企业有什么资源。笔者能跑马拉松，能实现跑马目标，也是提前对自身做过资源分析。

1. 企业资源分析的方向

企业资源分析指企业为找出具有未来竞争优势的资源，对所拥有的资源进行识别和评价的过程。这一过程包括确定企业所拥有的资源，及识别真正具有价值的资源。

企业资源分析侧重于分析企业内部资源。通过分析企业资源，确定企业的优势和劣势，综合评估企业的战略能力。企业资源分析一般包括以下三个维度：单项分析、均衡分析和区域分析。

（1）单项分析。适用单项分析的资源包括实物资源、人力资源、财务资源、无形资产资源等。这些资源的识别是战略能力分析的基础，尤其要重视无形资产的评估。

（2）均衡分析。合理配置资源能提升企业的战略能力。适用均衡分析的资源通常包括产品组合、员工能力与个人特性、资源柔性等资源。

（3）区域分析。如果企业对外部资源有很强的控制能力，则其控制的区域资源往往形成其资源优势，甚至是其他企业无法模仿的核心竞争力。

在进行企业资源分析的时候，需要特别重视的是企业的无形资源，如商誉、商标、人力资源等。企业能否有效创造竞争力源泉，在很大程度上取决于这些资源能否被有效利用。另外，进行企业资源分析时，除了要对各资源要素进行分析，还应考察其配置、组合是否合理，以便确定差距和利用潜力。

2. 企业资源的分类分析

以上三大维度提供了企业资源分析的方向，不同类型的企业资源分析方法不同，因此需要先对企业资源进行分类。企业资源可分为集中资源、积累资源、整合互补资源、保存资源和回收资源等五类。各类资源的分析方法如下。

（1）集中资源的分析方法。一般有三个要求：达成战略共识，制定明确的改善目标，强调高附加值的活动。

（2）积累资源的分析方法。既要充分利用员工的智慧，又要取得或使用合作者资源，还要控制其他外部资源。

（3）整合互补资源的分析方法。要以新方式整合各类资源，并取得重要的互补性资源。

（4）保存资源的分析方法。要学会重复利用资源，并建立资源战略联盟。

（5）回收资源的分析方法。要加速资源的流动。

以上各类型资源的分析办法具有较强的理论性，表2-6提供了一个相对容易使用的分析工具。这个分析工具对企业资源的分类更加具体，也更容易让我们理解。

表2-6　企业资源分类分析框架表

主要资源	数量			质量			配置			说明
	现状	未来	差距	现状	未来	差距	现状	未来	差距	
实物资源										
财务资源										
人力资源										
技术资源										
组织资源										
创新资源										
企业声誉										
企业文化										

在这个分析框架表中，企业的主要资源被细分成实物资源、财务资源、人力资源、技术资源、组织资源、创新资源、企业声誉、企业文化等八种。

在具体分析每种资源的情况时，要从数量、质量、配置三个维度展开。每个维度下，都需要分析每种资源的现状、未来及现状与未来的差距。

通过以上的分析框架表，可以非常清晰地确定企业有哪些可利用的资源，可以进一步判断哪些资源对于企业来说是真正具有价值的。

需要注意的是，在分析企业资源时，不仅要对企业现有资源的状况和变化趋势进行分析，还要对企业发展过程中可能增加的资源进行预测。

3. 从竞争角度看企业资源分析

前面提到企业资源分析是为了找出未来具有竞争优势的资源。那么，如果从竞争的角度分析资源，可以形成一个竞争力从低到高的金字塔型的资源层次（见图2-8）。大致分成四个资源层次，分别是外围资源、基础资源、核心资源和突破性资源。

- 外围资源：企业的广告、运输、法律服务等。
- 基础资源：信息技术等。
- 核心资源：技术、人才、管理等。
- 突破性资源：成功申请的专利等。

图2-8 竞争资源四层次模型

越上层的资源越能成为企业的竞争优势，也越容易对对手形成竞争壁垒。值得注意的是，企业的各种资源能否形成企业的竞争优势，除了资源本身的特性，还依赖于企业的资源结构。

4. 用标杆对比分析企业资源

除了基于资源类型及竞争维度分析，还可以用标杆分析法来分析企业资源。

首先确定要进行标杆分析的具体项目，其次选择要比较的竞争对手，然后收集、分析本企业和竞争对手的相关数据。

在使用标杆分析法时，需要注意的是，要将企业的各项活动与最强劲的竞争对手的进行比较，依据比较结果提出行动方案，以弥补自身的不足。

当具备了企业资源的竞争优势分析思维后，可使用企业资源分析框架表（见表2-7）来展开分析。

表 2-7 企业资源分析框架表

优劣衡量指标		竞争对比	
		拥有程度的优势	拥有程度的劣势
技术	开发速度快，技术领先		
品牌	知名度高，品牌形象好		
市场推广	市场占有率高，推广能力强		
质量	质量稳定		
政府关系	与地方政府及主管部门建立良好关系		
物流	低成本、快速的配送能力		
生产	灵活高效的生产能力		
成本	富有竞争力的成本调节空间		
采购	稳定的供应商，有较大的选择余地		

续表

优劣衡量指标		竞争对比	
		拥有程度的优势	拥有程度的劣势
销售	快速的分销能力		
资金	强大的资金筹集、转化、盈利能力		
人力资源	稳定且高素质的人力资本		

如表所示，可以将优劣衡量指标定义得更加具体，比如，细分到技术、品牌、市场推广、物流、成本、资金等维度。在每一个维度里面确定好衡量指标，再去找到具体的竞争对手，与之比较，分别列出企业每一种资源拥有程度的优势和劣势。使用这个企业资源分析框架表，能让企业更加清晰地看到与竞争对手的优劣势对比，以便企业制定更有针对性的、扬长避短的竞争策略。

思考与练习：你所在企业有哪些资源？各类资源的优势及劣势是什么？

_____

_____

_____

二）企业价值链分析——如果当年汇源被可口可乐收购了，结果会怎样

2008年9月，可口可乐公司宣布计划以179.2亿港元的高价收购中国汇源果汁集团有限公司的所有股份。双方都希望达成交易。可口可乐公司所处的碳酸饮料行业疲软，当时面对十多亿人口的成熟市场，急需开展新业务，可口可乐公司觉得收购汇源果汁最为合适。汇源果汁的董事长朱新礼想往果汁生产的上游发展，即种植农业，而做农业需要投入大量资金，这

正好可以通过出售汇源果汁获得。并且，主打上游农业可以有效控制下游企业，即使可口可乐公司收购了汇源果汁，因为控制了上游农业，汇源果汁依然在朱新礼的掌控范围内。而且当时汇源果汁的业务开始疲软，公司后继无人，出售汇源果汁是最恰当之举。

商务部在2009年3月18日宣布，可口可乐公司并购汇源果汁未通过反垄断调查，因为收购会影响或限制竞争，不利于中国果汁行业的健康发展，于是决定禁止此项并购。这是《中华人民共和国反垄断法》实施以来第一个未获通过的并购案。

朱新礼曾经说："如果能实施当初的计划，汇源果汁估计早就成为千亿级的公司，不会沦落到今天的下场。" 2020年2月12日，朱新礼和女儿双双退出汇源果汁……

1. 企业价值链分析的意义

价值链分析法是一种寻求并确定企业竞争资源的方法。企业有许多资源、能力和竞争优势，如果把企业作为一个整体时无法识别竞争优势，就需要把企业活动进行分解，通过考虑单个活动本身及其关系来确定企业的竞争优势。

企业会参与的不同价值活动，但并不是每个价值活动都创造了价值，实际上只有某些特定的价值活动真正地创造了价值，而这些真正创造价值的经营活动，就是价值链上的"战略环节"。企业要保持的竞争优势，实际上就是企业在价值链上某些特定的战略环节上的优势。

2. 企业价值链分析的内容

企业价值链分析的基础是价值，其重点是价值活动分析。各种价值活动构成价值链（见图2-9）。

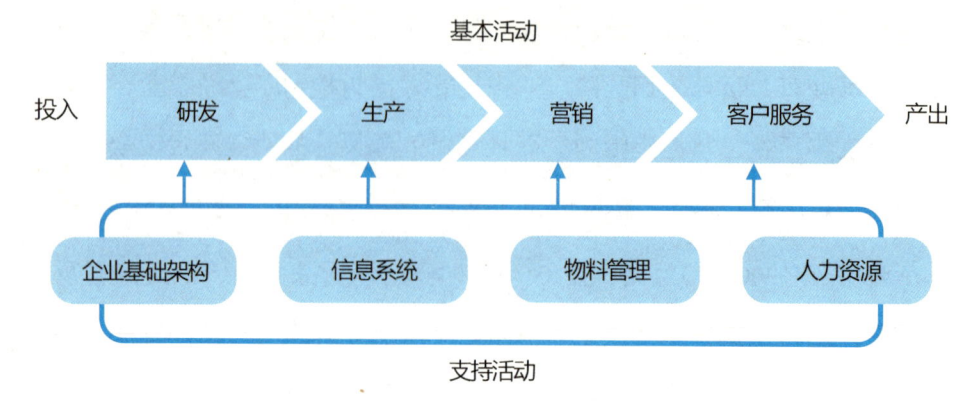

图2-9　企业价值链分析模型

企业的价值活动可以分为两大类：基本活动和支持活动。基本活动是指生产经营的实质性活动，它的链条从投入端到产出端，分别是研发、生产、营销和客户服务。支持活动有企业基础架构、信息系统、物料管理和人力资源。

- 研发是对产品和生产过程的设计。卓越的设计能够改善产品性能，增加产品的价值，从而提高产品对消费者的吸引力。研发还有助于提高生产效率，降低生产成本。

- 生产出高品质的、低成本的产品是企业追求的目标。企业在生产中还可以创造出产品的差异化。

- 营销是通过品牌定位、广告等营销活动提高企业及产品在消费者心目中的地位。在营销过程中发现消费者需求，并将需求信息反馈给研发部门，有助于设计出更好的产品。

- 客户服务旨在帮助消费者解决在购买产品后遇到的问题，可以帮企业在消费者心中创造出一种卓越的价值。

- 通过强有力的领导，最高管理层可以调整企业基础架构，进而影响其他价值创造活动的绩效。

- 信息系统同互联网的交互功能相结合，将显著提高企业管理的效率。

- 物料管理是为了提高物料从投入到加工、生产、销售过程中的利用效率，可以极大地降低成本，创造更大价值。

- 人力资源系统运作使员工的生产力提高，客户服务的质量得到改善，从而为企业创造更高的价值。

价值链上的每一项价值活动都会对企业最终能够实现多大的价值造成影响，因此值得认真分析。正如澳优集团董事长颜卫彬先生在2021年新年致辞中所说的"要持续聚焦价值创造"，能够长久发展的企业，都是在供应端的价值、营运的效率、服务的温度、品牌的高度、人才的领先度、文化的向心力、企业的创新力等方面有着综合优势的企业。应从价值的原点出发致力价值创造。

3. 企业价值链分析的应用

价值链一旦建立起来，就会非常有助于准确地分析价值链各个环节所增加的价值。

价值链的应用不仅仅局限于企业内部。随着互联网的普及、竞争的日益激烈，企业建立价值链联盟的趋势越来越明显。企业更加关心自己核心能力的建设和发展，发展价值链中的关键环节的能力，如研发、生产、物流等。

价值链咨询模型是在价值链分析法的基础上进行了改进。价值链咨询模型把企业的经营管理分为三个层次：决策层、管理层和运营层。

- 决策层对企业的经营方向和资源配置进行决策。

- 管理层包括财务管理、行政、人力资源、信息服务等职能，负责对企业的效率和成本费用进行控制。

- 运营层涵盖从采购、生产到销售和服务的诸多环节。这个层次主要根据各个层次体现的增值性，进行费用的核算和控制。

思考与练习：分析一下你所在企业的价值链。

_____
_____
_____
_____

三）产品结构分析—— 谁都想要金牛

1. BCG矩阵

BCG矩阵又称市场增长率—相对市场份额矩阵、四象限分析法等，是比较流行的制定企业层面战略的方法之一。

BCG矩阵的发明者、波士顿咨询公司的创立者布鲁斯·亨德森认为，企业若要取得成功，就必须拥有市场增长率和市场份额各不相同的产品组合。产品组合的构成取决于现金流量的平衡。BCG矩阵的实质是通过业务的优化组合实现企业的现金流量平衡。

如图2-10所示，可以从相对市场份额和真实市场增长率两个维度，将企业的产品分成四种类型。高增长、高市场份额的产品被称为明星类产品；高增长、低市场份额的产品被称为问题类产品；低增长、高市场份额的产品被称为金牛类产品；低增长、低市场份额的产品被称为瘦狗类产品。

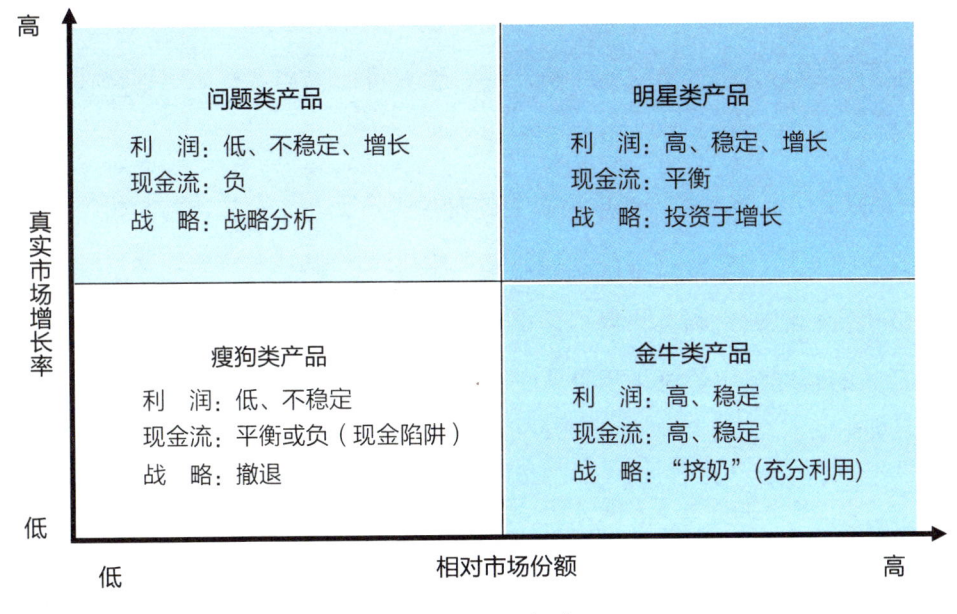

```
         高 ↑
           |  问题类产品                    明星类产品
           |  利  润：低、不稳定、增长       利  润：高、稳定、增长
  真       |  现金流：负                    现金流：平衡
  实       |  战  略：战略分析              战  略：投资于增长
  市       |
  场       |―――――――――――――――――――――――――――――――――――――
  增       |  瘦狗类产品                    金牛类产品
  长       |  利  润：低、不稳定            利  润：高、稳定
  率       |  现金流：平衡或负（现金陷阱）  现金流：高、稳定
           |  战  略：撤退                  战  略："挤奶"（充分利用）
         低 |_____→
             低          相对市场份额            高
```

图2-10 BCG矩阵

2. 四类产品的特点

从利润和现金流的角度分析，四类产品具有如下特点。

- 明星类产品：利润高、稳定，呈现增长态势，现金流是平衡的。

- 问题类产品：利润低、不稳定，呈现增长态势，现金流是负的。

- 金牛类产品：利润高、稳定，现金流高且稳定。

- 瘦狗类产品：利润低、不稳定，现金流是平衡的或者负的，是"现金陷阱"。

3. 产品结构规划

针对这四类产品的利润和现金流的不同特点，在规划企业的产品组合时，应该采取怎样的战略方向来调整产品品种及其结构，以适应市场需求变化呢？

对于明星类产品，企业的战略应该是投资于增长；针对问题类产品，企业要做战略分析；针对金牛类产品，企业可以采用"挤奶"战略；而对于瘦狗类产品，企业要用抛弃战略。

（1）明星类产品可能成为企业的金牛类产品，企业应该加大投资以支持其迅速发展。企业可采用的战略是：积极扩大明星类产品的经济规模和市场机会，以长远利益为目标，提高市场占有率，加强竞争地位。对明星类产品的管理组织最好采用事业部形式，由对生产和销售都很内行的管理者负责。

（2）金牛类产品又称厚利产品，其财务特点是销售量大、产品利润率高、负债比率低，可以为企业提供资金，而且由于市场增长率低，企业无须增加投资。因而金牛类产品成为企业回收资金，支持其他产品，尤其是明星类产品的后盾。对于金牛类产品，适合用事业部形式进行管理，其管理者最好是市场营销型人才。

企业往往用金牛类产品的利润来支付账款并支持其他三类需大量资金的产品。企业应当警惕金牛类产品的财务状况变脆弱的情况。一旦市场环境发生变化导致金牛类产品的市场份额下降，企业就不得不从其他产品中抽回资金来维持金牛类产品的领导地位，否则强壮的"现金牛"可能会变弱，甚至成为"瘦狗"。

（3）问题类产品的市场机会大，前景好，但在市场营销上存在问题。问题类产品的财务特点是利润率较低、所需资金不足、负债比率高。例如，在产品生命周期中处于引进期，但因种种原因未能开拓市场局面的新产品就是一种问题类产品。对于问题类产品，企业应采取选择性投资战略。因此，对问题类产品的改进与扶持方案一般会被列入企业长期计划。对问题类产品的管理组织，最好采取智囊团或项目组织的形式，选拔有规划能力，敢于冒风险，有才干的人员负责。

（4）瘦狗类产品，也称衰退类产品，其财务特点是利润率低，处于保本或亏损状态，负债比率高，无法为企业带来收益。对这类产品，企业应采用撤退战略：首先应减少产品批量，逐渐从市场撤退，而对于那些市场增长率和市场份额均极低的产品，企业应立即淘汰；然后将剩余资源向其他产品转移；最后整顿产品系列，最好将瘦狗类产品与其他产品事业部合并，统一管理。

4. 产品矩阵的战略优先级选择

可能有些人会有疑问，企业有多个品牌、品类，不同品牌、品类在不同市场上的业务表现都不同，它们涵盖了以上四种不同的矩阵象限。当面对各种类型的产品时，要怎么从战略上展开呢？这里给大家一个总体战略顺序的建议，如图2-11所示。

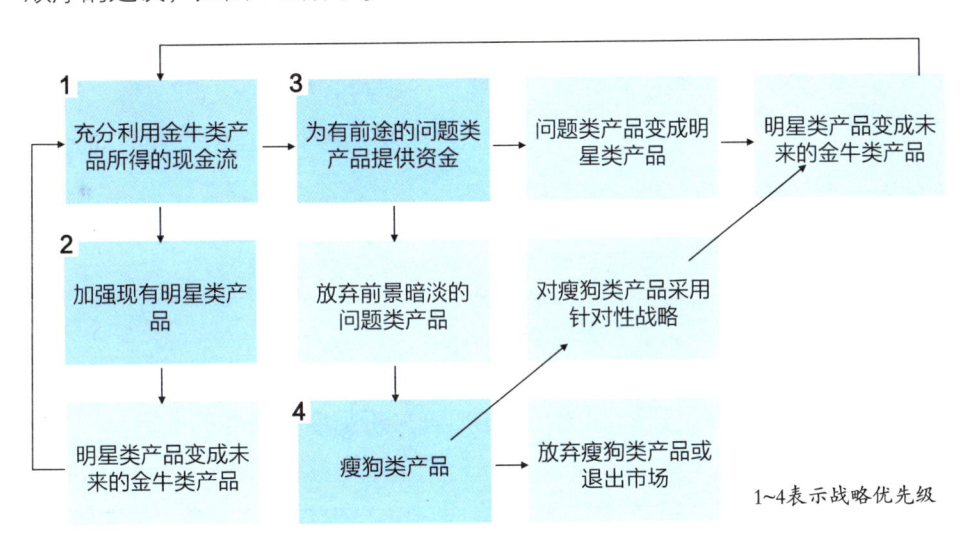

图2-11　总体战略顺序图

- 第一优先级是研究现金流的问题。比如，要充分利用金牛类产品所得的现金流，把明星类产品变成未来的金牛类产品。

- 第二优先级的战略聚焦在明星类产品上。企业要思考如何加强现有的明星类产品，如何把它变成金牛类产品，还要想办法把问题类产品变成明星类产品。

- 第三优先级有两项战略重点，包括为那些比较有前途的问题类产品提供资金，并放弃那些市场前景黯淡的问题类产品。

- 最后是瘦狗类产品。企业要对这类产品提出针对性战略：直接放弃或退出市场。

5. 应用思考

在利用BCG矩阵分析产品的过程中，决策者需要优先明确企业所处的领域和市场机会，梳理企业的产品矩阵，并思考以下问题。

（1）针对不同的细分市场，企业应该如何投入？

（2）针对产品篮子里的不同人群，其核心诉求是什么？企业的产品具有什么优势？企业能提供哪些产品或产品组合？产品组合的当前主打产品、未来主推产品和辅助产品分别是什么，以及它们各自的发展方向是怎样的？

（3）哪些产品或方法是要摈弃的？市场是否越细分越好？

（4）每个细分市场的容量和竞争者是怎样的？

思考与练习：用BCG矩阵分析你所在企业的业务。

_____
_____
_____
_____

（四）业务组合分析——做个锤子手机

前些年，家电行业的很多企业都做手机：TCL、海尔、海信、格力……目前这些品牌手机的市场表现怎么样？

乐视公司从手机业务中尝到"甜头"，老罗也做了"锤子"手机。如果大家看过小米公司的《一往无前》，就会知道手机行业的水有多深。笔者用下面的分析帮大家来理清。

1. GE矩阵

GE矩阵又叫麦肯锡矩阵或行业吸引力矩阵，是GE公司开发的投资组合分析战略规划方法，改进了BCG矩阵的不足，在两个坐标轴上增加了中间等级。九个区域的划分能更好地说明企业处于不同阶段时的经营状态，对企业进行业务选择及定位具有重要的参考价值和意义。

如图2-12所示，可以从竞争地位和市场吸引力两个维度，分别用两个维度上的高中低、大中小程度，把全部市场细分成九大区域。

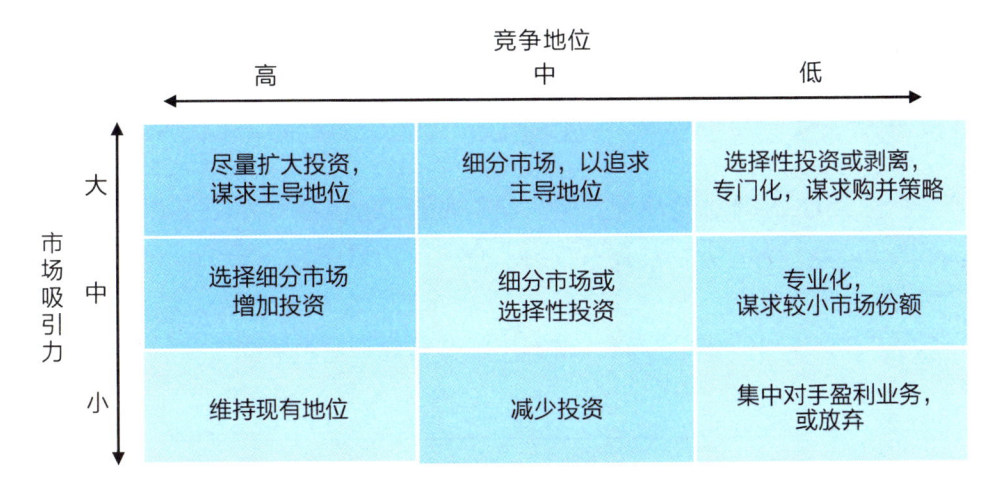

市场吸引力 \ 竞争地位	高	中	低
大	尽量扩大投资，谋求主导地位	细分市场，以追求主导地位	选择性投资或剥离，专门化，谋求购并策略
中	选择细分市场增加投资	细分市场或选择性投资	专业化，谋求较小市场份额
小	维持现有地位	减少投资	集中对手盈利业务，或放弃

图2-12　GE矩阵

2. GE矩阵的分析步骤

如何使用GE矩阵分析业务呢？可以把分析过程拆分成以下五个步骤。

（1）定义各个影响因素。可以用头脑风暴法，根据企业的实际情况，或依据产品（包括服务），或依据地域对企业的业务进行划分，形成战略业务单位，并根据针对每一个战略业务单位进行内、外部环境分析。

（2）评估内、外部环境影响因素的加权值。加权值的具体评估办法是，根据产业状况和企业状况确定市场吸引力因素和竞争地位因素的级数（通常分五级），用权重乘以级数，得出每个因素的加权值，汇总得到整个市场吸引力的加权值。

（3）确定竞争地位和市场吸引力的标准。对内、外部环境影响因素的重要性进行定性和定量结合的估测，得出衡量竞争地位和市场吸引力的标准。

（4）将分析结果标注在GE矩阵上。在图上标出一组业务组合中位于不同市场或产业的战略业务单位，用圆表示，而圆的面积大小与相应战略业务单位的销售规模成正比，在圆中画上阴影代表其在行业中的市场份额。

（5）对GE矩阵进行诠释。企业按照对战略业务单位在GE矩阵上的位置的分析结果，选择相应的战略。

思考与练习：用GE矩阵分析你所在企业的业务。

五）核心竞争力分析——华为为什么要剥离荣耀品牌

华为剥离荣耀品牌的起因可以追溯到2020年9月15日，从当日起，美国政府针对华为的芯片禁令生效了。虽然作为大品牌的华为已经做好了应对准备，囤积了大量的芯片和相关开发零部件，但依旧无法满足华为与荣耀庞大产量的需求。在这种情况下，华为想养活华为和荣耀两个手机品牌，未免过于吃力。

如果荣耀品牌继续由华为运营，那么最后荣耀的产品很有可能会因为部件不足而停产。荣耀一旦"死掉"，其产业链上的众多厂商都要遭殃。所以，华为必须出售荣耀，才能救荣耀及其产业链上的众多厂商。为什么华为声明"华为不占任何股份，不参与荣耀的经营管理决策"呢？因为只有这样，荣耀的产品才能安上高端芯片，要不然美国政府可以说"荣耀还是华为的，不能卖高端芯片给它"。所以，荣耀和华为必须撇清关系。一旦撇清，美国政府针对华为的芯片禁令就不再对荣耀有效，荣耀便可以采购它需要的芯片。

并且，华为卖掉荣耀更有助于华为整体的发展。虽然华为最为国人所知的业务是华为手机，但是华为还是全球领先的ICT基础设备和智能终端设备供应商。华为出售荣耀品牌，不仅可以获得庞大的现金流，还省出了精力，未来可以更加专注于技术研发，进行下一阶段的技术突破。

1. 什么是企业核心竞争力

比较传统的观点认为，企业核心竞争力是指能够为企业带来比较竞争优势的资源，以及资源的配置与整合方式。

笔者认为，企业核心竞争力就是能够体现企业差异化，其他企业不可复制，能为企业带来竞争优势的资源、技术、能力的集合。

（1）简单来说，体现企业差异化就是跟竞争对手相比，你有而别人没有的东西。比如产品品质的差异化，能研发出独家所有的稀缺性产品品质，能研发出专利技术的创新性产品等。比如服务的差异化，能提供独树一帜的或更高质量的服务内容或方式等。

（2）其他企业不可复制，意思是企业所具备的某些资源或特性很难被抄袭。例如，某些企业很好地利用了企业家或创始人的个人IP，而这种资源具有品牌人格化、不可复制性的特点。有的企业是拥有祖传秘籍的百年老店，是靠好几代人的努力，靠时间积累出来的特性。还有那些通过投入海量的人力、物力、财力资源去研发出来核心技术的企业。这些资源或特性，其他的企业想要短期内模仿、复制、超越，几乎是不可能的事情。

（3）能为企业带来竞争优势，指相对于竞争对手而言，企业的资源、技术、能力能为其带来的优势。比如企业的产品研发能力强，就有可能比竞争对手更快研发出新产品，形成先发优势。

2. 企业核心竞争力的识别标准

识别一家企业的核心竞争力的标准一般有以下四项。

（1）价值性。这种能力能很好地实现消费者所看重的价值，例如，能显著地降低成本，提高产品质量，提高服务效率，增加消费者的效用，从而给企业带来竞争优势。

（2）稀缺性。这种能力必须是稀缺的，只有少数的企业拥有它。

（3）不可替代性。竞争对手无法通过其他能力来替代它；它在为消费者创造价值的过程中具有不可替代的作用。

（4）难以模仿性。这种能力必须是企业所特有的，并且是竞争对手难以模仿的。也就是说，它不像材料、机器设备那样能在市场上购买到，而是难以转移或复制的。这种难以模仿的能力能为企业带来超过平均水平的利润。

3. 核心竞争力分析模型

核心竞争力能为企业带来长期的、稳定的竞争优势，并帮助企业取胜于竞争对手。

核心竞争力分析模型是企业常用的战略模型，由美国管理学者加里·哈默尔和普拉哈拉德于1990年提出。其战略流程的出发点是企业的核心竞争力。该模型指出，随着市场竞争的日益加剧、产品生命周期的缩短及全球经济一体化的加强，企业的成功不再归功于短暂的、偶然的产品开发或灵机一动的市场战略，而是企业核心竞争力的外在表现。

做核心竞争力分析，可以聚焦到技术研发、生产制造、销售、人力资源等重点领域。在每个领域里，需要持续关注、提升、强化相关能力和水平，最终让其成为企业的核心竞争力，如表2-8所示。

表 2-8 核心竞争力分析模型

领域	核心竞争力	
技术研发	1. 工艺流程的改进能力	2. 新技术、新产品的研发能力
	3. 科研能力	4. 特定技术的专有技能
	5. 处于领先地位的技术装备	
生产制造	1. 产品差异化与定制生产能力	2. 低成本的生产能力
	3. 规模经济效应	4. 产品转换生产成本低
	5. 获取充足的技术娴熟的生产工人的能力	6. 领先的劳动生产率
	7. 高效的资源利用率	8. 低成本的产品设计与产品工艺
销售	1. 广泛的销售网络	2. 高效的物流配送体系
	3. 低成本的分销网络和分销渠道	4. 独特的产品推销方式
	5. 宽泛的产品选择空间	6. 良好的售后服务

续表

领域	核心竞争力	
销售	7. 合理的媒体宣传	8. 差异化的包装形式
	9. 强大的网络销售能力	
人力资源	1. 员工对企业文化有高度认同感	2. 员工具备良好的专业素质和职业素养
	3. 良好的创新氛围和创新动力	4. 高效的执行能力
	5. 不断完善的员工培训体系	6. 因人而异的职业生涯规划
其他	1. 良好的公共关系和企业形象	2. 较高的品牌影响力
	3. 快速、合理的融资能力	4. 某种资源的专有开采权
	5. 功能完备的管理信息系统	6. 行业内的领导者地位
	7. 长期积累形成的良好商誉	8. 广泛的投资渠道和获利方式

例如，在销售领域，企业的核心竞争力通常体现在销售网络、物流配送体系、分销网络和分销渠道、产品推销方式、产品品类、售后服务、媒体宣传、包装、网络销售能力等方面，应分析这些能力，并持续强化。

想要识别企业在某个领域是否具备核心竞争力，可以从资源、能力两个维度来判断。

从资源上来说，需要判断这种资源是否是企业所独一无二的资源。也就是说，跟竞争对手的相比，企业的这种资源是否超越了竞争对手，是否难以被竞争对手复制。如果这种资源跟竞争对手的相似，别人容易模仿，那么这种资源只能算企业的"必要资源"，其核心竞争力不强。

从能力上看，也是一样的。要判断这项能力是否是企业的核心竞争力，也要看看它是不是比竞争对手的强，是不是不容易被模仿。

4. 实战案例

以下面的案例作为示例说明。表2-9从多品牌管理、中高端产品市场营销、中高端渠道管理、研发与生产四个方面判断某企业是否具备核心竞争力。判断依据是否具有价值、是否稀缺、是否不可替代、是否难以模仿四个维度。

表 2-9 核心竞争力的判断维度（示例）

判断维度	具有价值	稀缺性	不可替代	难以模仿
多品牌管理	Y	Y	Y	Y
中高端产品市场营销	Y	X	X	Y
中高端渠道管理	Y	X	X	Y
研发与生产	Y	X	X	Y

表中"Y"表示"拥有"，"X"表示"不拥有"。分别评估完就可以发现，该企业在多品牌管理方面是完胜竞争对手的。因此，多品牌管理能力是该企业的核心竞争力。

思考与练习：你所在企业的核心竞争力有哪些？

_____

_____

_____

六）标杆对比分析——为什么阿米巴经营模式热而不火

1. 阿米巴经营模式的中国实践

阿米巴经营模式是日本四位"经营之圣"之一的稻盛和夫独创的一种经营模式，他凭借这种独创的经营模式创立了两家世界五百强企业，创造了六十多年从未亏损的经营神话！

阿米巴经营模式已经成为中国非常流行的经营管理模式。实践阿米巴经营模式的中国企业非常多，例如，海尔的"人单合一"模式，华为的铁三角模式，韩都衣舍的自主经营体模式，海底捞的赛道平台模式，都是阿米巴经营模式的变形形态。它们的区别在于是否直接以阿米巴经营模式命名。

阿米巴经营模式的流行度上升是在2010—2014年。这主要与外部经营环境有关系，再加上各种书籍、培训的传播，阿米巴经营模式成为最流行的经营模式，并且持续流行了5年。

但大家可以清晰地看到，阿米巴经营模式只热不火。造成这种局面的原因有很多，其中一个关键原因是，目前开展阿米巴经营模式的中大型企业凤毛麟角，而它们才是真正需要这种经营模式的主体。大中型企业之所以不采用阿米巴经营模式，主要基于以下三个原因。

（1）中大型企业不会冲动买单，在决定采用一种经营模式前，需要经过科学的、系统的评估。中大型企业对经营管理的评价能力是非常高的，毕竟从创业到做大经历了几十年，对企业管理者的见识、知识要求不一样。

（2）阿米巴咨询服务机构的顾问不具备与中大型企业对话、向其提供服务的能力。这主要体现在服务机构没有系统地为企业节约成本的经验，并且招聘了一批没有实战经验或实战经验较少的员工。

（3）阿米巴咨询服务机构不能提供匹配的范例供中大型企业参考、评估。

笔者发现，现在很多企业都喜欢走出去学习，到同行业的企业甚至跨行业的企业参访、学习、交流。的确，走出去多看看、多学习能开阔眼界，拓展知识边界。很多企业期望通过这种方法，在外部找到可供自己学习、借鉴的榜样和标杆。甚至很多企业的确把从其他企业学到的一些做法作为参照标杆，应用到自己的企业管理中来。但是，需要注意的是，盲目照搬式的学习是不可取的。可以找外部的标杆,但一定要找合适的标杆。

2. 外部标杆可借鉴性的参考标准

怎样才是合适的标杆呢?表2-10列了三项标准。可以根据这三项标准审视外部标杆,如果外部标杆符合全部标准,那它对企业就有参考借鉴价值。

表 2-10　外部标杆选择标准

	选择标准		符合情况
外部公认	在行业内具有不可辩驳的公认度		√
代表性	发展历程相似	背景或发展历程相似,面临环境相似	√
	战略方向具有代表性	战略方向制定具有特点,代表行业方向	√
	产品或服务相似	在业务组合上具有一定程度的相似性	√
	管理模式可借鉴	有成功的管理和经营模式,有借鉴作用	√
可参考性	在不同方面具有借鉴价值		√

3. 实战案例

澳优集团的高管游学活动办得有声有色:高管们曾经到雅培、光明,乃至跨行业的携程参访、交流。

记得在某年的半年度管理会议上,董事长颜卫斌专门做了主题为"学习华为精神,成就国际乳企"的总结发言。他表示,乳业应该学习华为,永远把创新作为自己发展的原动力,专注做好产品和服务,为消费者提供更多增值服务。这意味着,在产品和服务创新这条路上,华为就是值得学习和借鉴的外部标杆。澳优集团甚至有了争当"乳业界的华为"的雄心壮志。所以,外部标杆是澳优集团非常好的学习成长的路径。

思考与练习：你所在企业可参考、借鉴的外部标杆是谁？你的企业曾经做过哪些内容的标杆对比分析？

_____

_____

_____

七）竞争对手分析——甄子丹与泰森，谁更厉害

电影《叶问3》中，大家可以看到甄子丹饰演的叶问与泰森饰演的黑人拳师打得难解难分。其实在拍摄现场，他们的每一招、每一式都是精心设计好的，并且控制在安全范围内——毕竟被泰森正儿八经打中一拳可不是闹着玩的。甄子丹曾提到，在片场，泰森有一个勾拳差点没收住，还好他反应快避开了，不然可能会有生命危险。

甄子丹在节目上谈跟泰森拍戏时，一再肯定了泰森的实力。他俩在体能和身材上差距极大，甄子丹坦言，他跟泰森对打的时候，就像跟一辆火车对撞。

泰森毕竟是名职业拳击运动员，有时候并不能按照导演的要求打拳。拳击运动员的天性让泰森会下意识做出攻击动作，甄子丹认为对这是打过程中最危险的地方。毕竟职业拳击运动员打比赛以输赢为要，而功夫演员以拍电影表演为主。倘若功夫演员跟职业拳击运动员打比赛，后者显然更具备优势。而万幸的是，甄子丹灵活地躲过了泰森的数次攻击。那么，两人谁更厉害呢？

乔尔·厄本尼和詹姆斯·戴维斯设计了一个简单且实用的"三圈分析"评估法模型（见图2-13），用于帮助战略制定者明确企业的竞争优势，以及该竞争优势与竞争对手的区别。因为企业必须具有独特的竞争优势，才能实现持续增长并保持长期盈利。

"三圈分析"评估法模型中,下面的圈代表消费者的需求。"最重要的消费者需要或希望从本企业的产品或服务中得到什么?"这是企业管理团队先要形成一致答案的问题。因为即使在最成熟的行业里,消费者也不会清楚地向企业表达自己的所有需求,而这些没有表达出来的需求经常成为增长机会点。

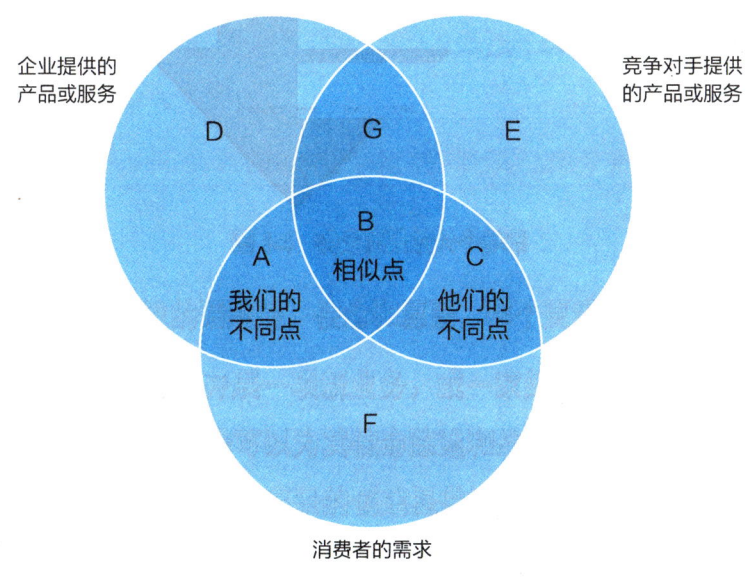

图2-13 "三圈分析"评估法模型

左上的圈代表企业管理团队对以下问题的看法:"消费者如何认知本企业提供的产品或服务?"左上圈和下面的圈的重叠程度,表明了企业所提供的产品或服务在多大程度上满足了消费者的需求。

右上的圈代表企业管理团队对以下问题的看法:"消费者如何认知竞争对手提供的产品或服务?"

三个圈的每一个区域都是重要的,图2-13中的A、B、C三个重叠区对建立竞争优势是必不可少的。应该针对各区进行如下的分析。

- A区:本企业的竞争优势有多大?能在长时间内保持这种竞争优

势？这种竞争优势是否建立在独特的能力上？

- B区：在相似区域内，本企业是否比竞争对手更有效地满足了消费者需求？
- C区：本企业如何压制或削弱竞争对手的竞争优势？

针对E区，企业应该先形成对自己的竞争优势的假设，再通过询问消费者来测试假设，在这个过程，可能收获令人惊喜的反馈。当然在很多时候，消费者的表达不一定是清晰的，所以才有了乔布斯所说的"消费者并不知道自己需要什么，直到我们拿出自己的产品，他们就发现，这是'我'要的东西"。

D区、F区、G区是分析本企业与竞争对手创造的哪些价值是消费者不需要的。深入认识这些区域也有助于提升企业的竞争优势。但最大的意外经常是，企业以为自己拥有很多在A区里的优势，而在消费者眼里该企业在A区的优势并不多。

思考与练习：对标你的竞争对手，做你所在企业的"三圈分析"。

_____

_____

_____

六、综合系统分析——李云龙是如何打败山崎大队的

SWOT分析，在20世纪80年代初由美国旧金山大学的管理学教授海因茨·韦里克提出，经常被用于企业战略制定、竞争对手分析等场合。它包括分析企业的优势（Strengths）、劣势（Weaknesses）、机会（Opportunities）和威胁（Threats）。因此，做SWOT分析实际上是企业

对内外部条件进行综合和概括，进而分析企业的优劣势、面临的机会和威胁，再依照矩阵形式排列，把各种因素相互匹配起来加以系统分析，从中得出一系列相应的结论，作为决策参考。

1. SWOT分析工具的使用

在实际使用SWOT分析工具的时候，需要注意以下问题。

（1）先找到目标竞争对手，才能进行对比式SWOT分析。没有目标竞争对手，就没有参照物，分析就会偏于笼统，分析结果也没有现实指导意义。

（2）外部、内部指的是来自企业外部还是内部。有助、有害指的是针对本企业目标的达成是有助还是有害。

（3）相对优势、相对劣势指的是比对目标竞争对手，本企业有哪些优势和劣势。是相对的而不是绝对的，是动态的而不是静态的！

当企业找到了相对优势和相对劣势，机会和威胁，两两匹配后会出现了四种不同的情况，如图2-14所示。

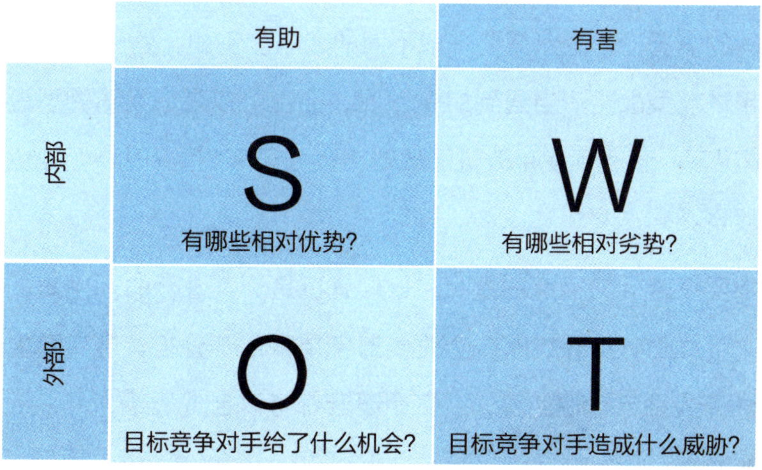

	有助	有害
内部	**S** 有哪些相对优势？	**W** 有哪些相对劣势？
外部	**O** 目标竞争对手给了什么机会？	**T** 目标竞争对手造成什么威胁？

图2-14　SWOT分析模型

列出SWOT是解释现状，组合策略才是解决问题的关键。SWOT分析工具的使用场景非常广泛，还可以运用SWOT分析制定战略，如图2-15所示。

	O	T
S	假设机会出现 假设优势保持 SO➡Attack 进攻型战略	假设威胁出现 假设优势保持 ST➡Defense 防御型战略
W	假设机会出现 假设劣势保持 WO➡Improve 改进型战略	假设威胁出现 假设劣势保持 WT➡Avoid 避免型战略

图2-15　SWOT战略制定模型

在图2-15中，SO表示机会出现、优势保持，ST代表威胁出现、优势保持，WO意味着机会出现、劣势保持，WT则表示威胁出现、劣势保持。这四种不同的情况下，企业需要采取不同的战略。例如，处于SO情况时，企业可使用进攻型战略；当遇到ST的情况，企业可以考虑用防御型战略；在WO的情况下，企业可使用改进型战略；而处于WT情况时，企业应该采用避免型战略。

特别要提醒大家注意的是，SWOT分析是分类进行的。例如，针对某个竞争对手做SWOT分析时，企业要对各要素逐个分析，避实就虚、扬长避短，进而找到针对性的决策！每个要素都可以自成战略，但是各要素必须有机组合到一起。

2. 实战案例

每次做SWOT分析时，笔者都会用电视剧《亮剑》里的案例，而且效果都很不错。

- 看（视频）：李云龙是如何打败山崎大队的?
- 记（笔记）：关键运筹、部署执行信息。
- 学（运用）：正确利用SWOT分析工具。

笔者会让学员抢答内部的优势、劣势及外部的机会、威胁。学员一般能对S、W、O、T每个部分说出一二，但不会系统地思考时机、地形、兵力、战斗力、火力等方面。但其实更重要的是组合策略。

图2-16示范了如何系统地、全面地、有逻辑地运用SWOT分析工具，并形成策略组合。

	O（机会） 1. 时机：对手已激战8小时，身心疲惫 2. 地形：对手孤军深入，已被包围 3. 兵力：对手已经伤亡过半	T（威胁） 1. 时机：对手援军在增援，形成反包围 2. 地形：战场迫近八路军总部，不宜久战 3. 战斗力：对手枪法准；单兵战术专业
S（优势） 1. 时机：以逸待劳 2. 地形：熟悉地形地貌 3. 兵力：数量多 4. 战斗力：指挥官有勇有谋；战士士气高昂 5. 火力：手榴弹多，有后方炮火支援	进攻型策略 1. 坚决进攻 2. 集中所有手榴弹在时间、空间上一点突破 3. 突击队先上，梯队冲锋 4. 集中所有兵力在时间、空间上一点突破	防御型策略 对手反冲锋时，后方炮火掩护
W（劣势） 1. 地形：不利（仰攻） 2. 战斗力：单兵战术不专业 3. 火力：重武器少	改进型策略 1. 土攻掘进，缩短距离 2. 放烟幕弹，声东击西，拖延时间，掩盖真正作战意图	避免型策略 1. 挖土时不露头 2. 骑兵连在全团最后 3. 不拼刺刀，用枪 4. 速战速决，避免拖延

图2-16 策略组合示例

思考与练习：运用SWOT分析工具，全面地、系统地分析你所在企业的内外部环境。

_____

_____

_____

七、先分析，再选择——先弄明白感冒的类型，再决定吃什么药

有的人很会给自己当医生，自己感觉体温有点高了，就去吃退烧药；自己发现打喷嚏流鼻涕了，就去吃感冒药。这可真是"庸医误人"的做法。

是否发烧要测量体温才能确定；患上了什么类型的感冒，需要通过专业的判断。至于说吃什么药，需要找到病根，对症下药。

前面的判断过程，中医上称为望闻问切。

企业战略管理也是一样。正如大部分咨询顾问所认同的：解决企业的问题，先要做好诊断。搞清楚企业现在得了什么"病"，是病入膏肓了，还是局部有病症了，还是处于亚健康状态，分析准了"病情"才能知道需要开什么"药方"。救命的方子、治病的方子和保健的方子，是完全不一样的。

给企业做战略分析，就是进行中医的望闻问切。

战略关乎着企业的发展方向，影响着企业的命脉。战略的本质是做正确的事。那么对于企业来说，做正确的事就是选择与自己相匹配的目标市场。而做什么事才是正确的事呢？战略分析便是个价值的放大器。

"工欲善其事，必先利其器"，本章所列举的模型工具是战略分析的

利器。并非每种模型工具都是完美的,只有多尝试代入分析,寻找适合行业及企业特性的,才能真正、正确地为战略解码引领方向。

要想在后面的战略选择、解码、执行、复盘过程中,不吃错药,吃的药管用,那就先做好战略分析吧!

03

战略解码

第三章

一、综述：向上编码，向下解码——跨越从战略到执行的鸿沟

"编码"和"解码"原本是计算机编程语言的术语，表示将字符（信息）从一种形式转换成另一种形式的过程。拆解来看，编码的过程是将字符信息转换成数字信息，而解码过程是将数字信息还原成字符信息。

那么为什么要编码和解码呢？原因很简单，计算机不能存储字符信息，只能存储数字信息（"0"和"1"）。通俗地讲，如果把人和计算机看成交换信息的两个载体，如果不做编码，计算机就接受不到信息；如果不做解码，人就接受不到信息。

企业战略管理中的部分工作对比计算机的编码和解码，有相通之处，也有差异。相通之处在于，战略制定及战略执行类似于编码和解码。如果没有制定出清晰的战略方向，相当于编码不成功。如果战略执行没有章法，相当于解码不成功。差异在于，企业战略的编码和解码，并不是简单地进行字符信息和数字信息的转换。企业战略的解码和编码更复杂，涉及的变量更多，对编码和解码双方的要求更高，不能一套"编码解码表"用到底。

前面章节讲到的战略共识、战略分析是编码的过程，目的是确保战略方向是准确清晰的。而接下来的战略解码的目的是确保战略落地的路径是准确清晰的。

搞清楚战略解码，才能跨越从战略到执行的鸿沟。本章重点阐述战略解码的重要性及战略解码的操作步骤（见图3-1）。

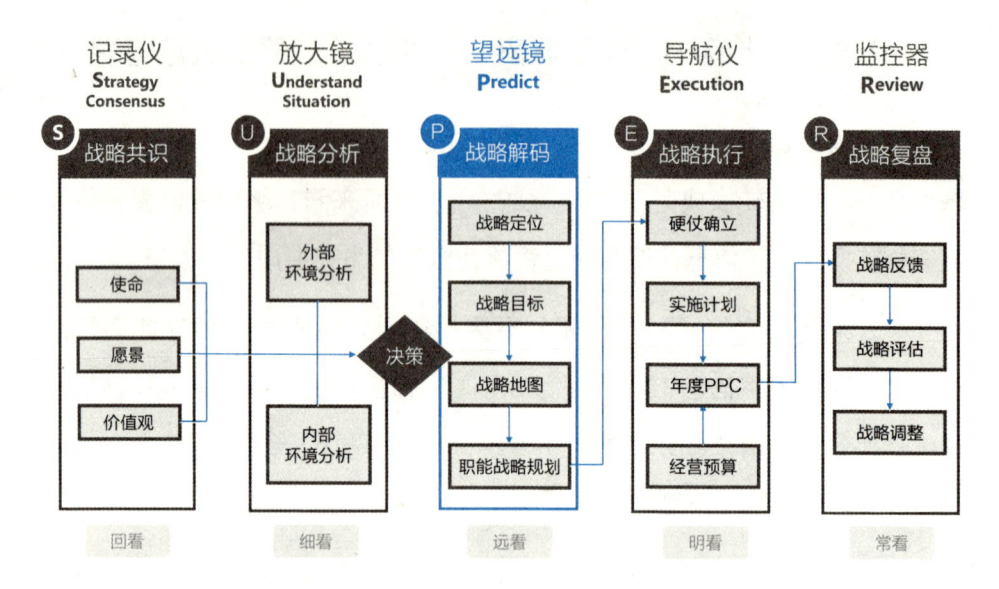

图3-1 极简战略管理SUPER™模型之战略解码

二、解码才能更好地执行——说人人都能听得懂的话

如果编码后的战略方向是正确清晰的,那么战略执行就一定没问题吗?

答案是否定的。

比如,对于企业全体员工认同的"成为全球最受信赖的配方奶粉和营养健康公司"的愿景,具体工作中该怎么执行,才能实现它呢?每天喊口号可行吗?显然是不行的。

拿业务团队来说,不仅要为愿景的实现而奋斗,还得落实到年度、季度、月度、每周、每日的业务目标,工作计划,资源支持,过程检核等细节动作上。而这些细节动作,才是人人都能听得懂、记得住、可执行、可检核的执行要求。

要把企业战略层面的愿景变成管理和执行层面的执行要求,必须有解码的过程。

需要注意的是，对于企业的领导者和管理者来说，千万不能认为编码做完了，企业的战略搞清楚了，有共识了，就万事大吉了。具体工作的执行者知不知道"怎么做"同样重要。不做解码，执行者很有可能会按照各自的理解行事，最终结果大概率会缘木求鱼。

三、自上而下、逐层递进、层层解码——解码就是信息转换

计算机编程语言的解码相对比较简单，把字符信息转换成"0"和"1"的数字组合，就能让计算机看明白。

战略的解码同样是信息转换，但是复杂很多。战略解码就是将企业战略层面的关键共识性内容（如使命、愿景、价值观、战略重心），解读成各层级、各岗位、各员工可量化、可执行、可检核的行动路径。

战略解码的过程，是自上而下、逐层递进、层层分解的过程。

自上而下，跟企业的组织结构相关。组织结构从上至下大致可分为企业层面、事业部层面、部门层面、员工层面。那么战略共识的内容必须在各层级有相应的体现。例如，企业层面的年度重点目标，向下落到事业部层面的年度指标，然后再向下是部门层面的年度指标，最后落到员工层面的个人指标。解码时，从总体目标出发，从上往下分解，才是最合理的：既能用总的远景目标以终为始地激励员工，又能让员工清晰地看到跟自己最相关的工作。

逐层递进，体现的是每一层级内容的加合都承接着上一层级目标的实现。解码时逐层递进，类似于将一个总任务、大目标拆解成几个子任务、子目标，然后继续往下拆解成更多、更细的子任务、子目标，最终实现责

任到人。

层层分解，是要求企业的战略解码过程在每一个层级都做到位。一旦某个层级的解码工作没有做好，既会影响上一层级目标的达成，又会影响下一层级解码工作的准确性。

四、做好战略解码的六大步骤

从操作层面来说，可以将战略解码的过程分解为六大步骤：明确战略定位，制定战略目标，优化战略选择，构建战略地图，绘制战略路径，规划职能部门战略。

从逻辑上来看，战略定位是一个大的方向性前提，战略目标是对方向的具体化和量化，战略选择是围绕量化目标的框架性规划，战略地图是战略规划框架内对各种目标的实现路径的全局化表述，战略路径则是战略地图中每种路径的具体描述，最后的职能战略是从内部资源角度考虑如何支持路径的实现。

一）明确战略定位——企业生命周期分析

明确战略定位是战略解码的第一步。而想做好战略定位，需要借助一项分析工具，那就是企业生命周期分析矩阵。

先来谈谈企业生命周期。

读过《从优秀到卓越》和《基业长青》这两本书的朋友都知道，它们的作者吉姆·科林斯是著名的管理专家，同时是一位畅销书作家。他投入了10年多的时间从事管理研究，独立或合作出版多部著作，其中包括《从优秀到卓越》和《基业长青》。书中提及的好几家"高瞻远瞩公司"的样本企业，如今已经衰退甚至不存在了。例如，书中推崇的11家公司，一家已破产（电路城公司），一家处于破产边缘（房地美公司，股价从21世纪初的近80美元一股跌到现在的2美元一股），一家面对多重恶意并购最终选择被收购（吉列公司），一家20年不到股价已蒸发70%以上、评级掉到B（必能宝公司）……可见"基业长青"是一件多么艰难的事。

如果分析那些卓越的公司、基业长青的企业，以及那些未能持续经营的企业，以时间为轴来看他们的经营发展之路，就能发现一定的规律，那就是企业生命周期性规律。用企业生命周期分析法做如下分析。

企业生命周期分析法是运用企业生命周期分析矩阵（见表3-1），根据企业的实力和行业的发展阶段来分析、评价战略适宜性的一种方法。

表3-1　企业生命周期分析矩阵

	孕育	成长	成熟	衰退
主导	• 起步 • 迅速增长	• 迅速增长 • 成本领先地位 • 更新	• 防御 • 成本领先地位 • 更新 • 继续增长	• 防御 • 集中一点 • 更新 • 随行业发展而增长
较强	• 开创 • 差异化 • 迅速增长	• 迅速增长 • 赶超或成本领先 • 差异化	• 成本领先地位 • 更新 • 集中一点 • 差异化 • 随行业发展而增长	• 寻找新市场 • 随行业发展而增长 • 收获
有利	• 开创 • 差异化 • 集中一点	• 集中一点 • 差异化 • 赶超 • 随行业发展而增长	• 寻找新市场 • 收获 • 随行业发展而增长 • 转变方针 • 集中一点 • 差异化	• 紧缩并转变方针

续表

	孕育	成长	成熟	衰退
维持	• 开创 • 随行业发展而增长 • 集中一点	• 收获 • 赶超 • 固守旧市场 • 随行业发展而增长 • 集中一点 • 寻找避风港	• 转变方针 • 紧缩 • 收获 • 寻找避风港	• 放弃紧缩
脆弱	• 寻找避风港 • 迎头赶上 • 随行业发展而增长	• 转变战略 • 紧缩	• 撤退	• 撤退 • 放弃

企业生命周期分析矩阵的横坐标代表行业的发展阶段：孕育阶段、成长阶段、成熟阶段和衰退阶段，纵坐标代表企业的战略竞争地位：主导地位、较强地位、有利地位、维持地位和脆弱地位。使用这两个维度，就组成了一个企业生命周期矩阵。

以下是企业的战略竞争地位的解释。

- 主导地位：企业能够控制竞争对手的行为，具有较广的战略选择，且战略能独立于竞争对手而做出。

- 较强地位：企业能够遵循自己的战略，而不会危及长期的地位。

- 有利地位：企业可能具有一定的战略优势，有能够保持其长期地位的好机会。

- 维持地位：企业具有证明其运营可继续存在的、令人满意的经营绩效，通常以忍耐来抵御最重要的竞争对手，有能够维持其长期地位的一般机会。

- **脆弱地位**：企业具有令人不满意的经营绩效，但有改进的可能；可能具备较好地位的特点，但有主要的弱点；短期内能够生存，但想要长期生存下去则必须改进其地位。

利用企业生命周期分析法分析企业战略的适宜性，关键一点是首先确定企业当前在企业生命周期矩阵上处于什么位置。确定在横轴上的位置，可以从市场增长率、产业发展潜力、产品线宽度、竞争对手数量、市场份额在各竞争对手之间的分布、顾客忠诚程度、产业进入障碍和技术水平等几方面考虑。在纵轴上的位置可以通过分析各类实力的特点获得。

在此分析基础上，企业有四种建议的战略选择，分别是发展（开创或赶超）战略、有重点的发展（差异化）战略、调整（转变或防御）战略、退出（撤退或放弃）战略。需要企业根据具体情况予以选择。

竞争力较强的企业一般具有市场领先地位，可以按照自己制定的战略目标发展，其他竞争对手对它的威胁不大。在尚可维持的状态下，企业可以通过差异化战略或集中一点战略固守阵地。而较弱的企业由于缺乏实力，很难长期独立地生存下去。

一般来讲，在行业增长的情况下，实力较强的企业可以遵循正常发展的道路，即可以通过各种不同的途径来实现发展的目的。具有行业主导地位的企业在整个生命周期过程中，都可以保持很强的竞争实力，关键要看这个企业能否适时调整战略方向。与此相反，实力弱小的企业如果不能找到避风港，即开发出一块自己的市场空间，将难以生存下去。

根据企业生命周期矩阵，当企业的战略竞争地位和行业发展阶段不同时，相同的战略可以有不同的形式，如一个占行业主导地位的企业可以主动引导消费，刺激需求量增加，从而达到行业发展的战略目标。身处成熟阶段的行业中，实力弱小的企业没有能力使市场需求扩大，只能瞄准一个新的市场区段进行开发或及时转向另一个有利的发展方向，这样才能达到发展的目的。

综上，企业要根据企业生命周期的不同，进行战略方向的调整。准确判断当下企业所处的生命周期，才能进行科学的企业战略定位。

思考与练习：你所在企业在生命周期分析矩阵里处于哪个位置？当前的战略定位是怎样的？

_____

_____

_____

二）制定战略目标——既得陇，更望蜀

三国时期，曹操用兵西北，彻底消灭韩遂、马超在西北的势力。但这不是战略布局的最终目标，他要开辟出进一步用兵的大环境，从而夺取汉中，窥见益州，在统一全国的大事业上迈出更大的一步。

建安二十年，曹操亲自率兵返回西北，征讨张鲁。不到半年，张鲁投降曹操，曹操尽得汉中。这场胜利，既是势力的较量，又是谋略的胜利。

建安二十年七月，曹操攻陷阳平关，军威大振。两位丞相主簿司马懿和刘晔皆主张乘势入蜀。但他们的意见没有被曹操采纳，他感慨地说："人苦无足，既得陇，复望蜀邪！"

曹操时而清醒、时而糊涂，失去了良机，他有生之年再也打不进蜀地了。

这个三国时期的小故事中，"既得陇，复望蜀"固然说的是要知足，不要得寸进尺。但是放到制定战略目标这件事情上，笔者更希望大家具有"既得陇，更望蜀"的精神！走好当前这第一步，同时要有能力去看到未

来可能走的第二步、第三步……要用发展的眼光看待企业战略，才会让企业的战略管理工作更加游刃有余。

战略解码的第二个步骤是制定战略目标。

对于大多数企业来说，制定战略目标需要重点考虑三个因素，第一个是业务所处的阶段，第二个是业务梯次布局情况，第三个是企业增长速度。

1. 不同业务阶段的战略目标和战略重点

可以把企业的业务分成三个阶段：拓展并确保核心业务，发展新业务，拓展未来的业务机会。

在不同的业务阶段（见图3-2），需要确立不同的战略目标、战略重点，使用不同的管控方式，以及明确不同的绩效重点。

	第一阶段 拓展并确保核心业务	第二阶段 发展新业务	第三阶段 拓展未来的业务机会
关键成功因素	注重绩效	营造创业环境	创造独特的竞争优势
评估标准	利润 资本投资回报率	营业收入 净现值	期权价值
人才需求	企业经营者	企业创建者	前瞻开拓者
能力素质	完全结合现状的实力平台	自行发展或从外部获得能力	所需能力可能不确定

图3-2 不同业务阶段的战略目标和战略重点

只有清晰地知道企业的业务所处的阶段，并选择与业务阶段相匹配的战略目标和战略重点，才能保证战略方向是正确的。

2. 实现跨越式增长的业务梯次布局

如果把三个业务阶段拉到一个更长的企业发展历史周期上，用发展的眼光审视，就会发现，要想实现业绩的持续性、跨越式增长，除了要清晰地梳理好不同业务阶段的特性，还需要做到业务梯次的有效布局和相互转承。因为企业的发展一定是接续的，不可能在中途停下来，要给下一个业务阶段的开启留下一个时间周期。

3. 实战案例

笔者在某乳品企业做咨询服务时，该企业不同业务阶段的战略目标和战略重点是相当清晰的，而且在业务梯次的布局和转承方面做得非常不错。

在"全球营养，呵护成长"的使命和"成为全球最受信赖的配方奶粉和营养健康公司"的愿景下，该企业分别设立了近期、中期、远期三个阶段性战略目标，这跟其业务阶段是吻合的。

从战略目标上来看，该企业的近期目标是成为婴幼儿配方奶粉公司，中期目标是成为高价值的综合营养食品公司，远期目标是成为营养食品综合服务企业。

从战略重点上看，也是非常符合之前讲到的业务三阶段理论的。

从整体的业务发展进程来看，三个业务阶段形成有效布局，互相转承是合理的。

那么，结果是怎么样呢？用数字来说话。

先看业务收入，2017—2019年，该企业的业务收入分别是39.27亿元、53.9亿元、67.36亿元。2019年业务收入同比增长了25%。

从毛利和净利润来看，2019年该企业实现了35.33亿元的毛利，同比增长32.8%。2019年净利润为9.42亿元，同比增长了62%。

放眼整个行业，这都是非常漂亮的业绩。

如果探究成绩背后的原因，可以说清晰的战略目标和战略重点起了决定性作用。

4. 不同企业增长速度的优劣势对比

从学习的角度，笔者想请大家清醒地、理智地看待企业增长速度这个话题。并不是增长速度越快就越好。不同的企业增长速度，有各自的优势和劣势（见表3-2），对企业匹配相应的资源提出了不同的要求。

表 3-2　不同企业增长速度的优劣势对比

类型	超低速增长	低速增长	快速增长	高速增长	超高速增长
增速	小于10%	10%~20%	21%~50%	51%~80%	81%以上
优势	增长幅度较小，不需要大规模投入	经营稳健，不需要进行剧烈的变革与调整	（1）比较容易实现稳健的发展（2）资金和人力资源需求较小	能够在较短时间完成规模积累	（1）能实现快速发展，企业能较快实现规模化（2）能抢占更多市场资源
劣势	（1）企业经营成本压力大（2）对员工的吸引力不足	（1）在竞争中逐渐失去优势地位（2）发展速度较慢，很难通过自身经营积累巨大的资金回报	（1）对管控能力要求不高（2）较好的市场资源可能会被竞争对手抢占	（1）很多潜在的经营风险被业绩增长隐蔽（2）资金和人力需求压力较大	（1）对企业战略决策能力要求高（2）对风险管控能力要求特高（3）资金和人力资源需求压力大

表3-2详细分析了不同的企业增长速度的优劣势。这里只挑2个来看看。

当企业的增速在10%~20%，可以叫作低速增长。企业维持此增速的优势在于其经营是稳健的，不需要进行剧烈的变革与调整。劣势是容易在竞争中逐渐失去优势地位，发展速度较慢，很难通过自身经营积累巨大的资金回报。

而当企业的增速增长到51%~80%，一般被认为是高速增长。优势是企业能够在较短时间完成规模积累。劣势是很多潜在的经营风险被业绩增长隐蔽，对企业的资金和人力资源需求的压力较大。

所以，企业的增长速度其实也是一种战略性选择。企业管理者要做的就是梳理好资源，做好分析，做出战略的取舍和决策。

上述提到的绝对金额的数量目标（如销售额、利润额等），以及同比、环比增长的增量目标（如销售增长率、利润增长率等），是当前很多企业比较关注的目标。笔者就不在本书中详细叙述其他部分的目标了。

思考与练习：你所在企业当前处于哪个业务阶段，对应的战略目标和战略重点是什么？

_____

_____

三）优化战略选择——选择大于努力，适合才是最好

战略解码的第三个步骤是优化战略选择。

战略目标是对终点结果的描述，战略选择则是对方向规划的描述。大家都说"选择大于努力""适合的就是最好的"。企业战略的选择关乎企业生死存亡，需要企业慎之又慎。

关于企业战略选择的理论有很多，在本书中，笔者仅从自己的企业管

理实践和洞察，以及本书主题关联性出发，选取了五种战略进行分析。它们分别是一体化战略、密集型战略、多元化战略、竞争性战略和蓝海战略。前三种战略聚焦企业层面，后两种战略更贴近业务层面。

在了解各种战略的特点后，可以针对所在企业的实际情况，做出最合适的战略选择。

1. 一体化战略——前向、后向，还是横向

一体化战略是指企业充分利用自己在产品、技术、生产上的优势，同时生产与原有产品处于同一个领域的不同阶段的产品，使企业不断向深度和广度发展的一种战略。

一体化战略中的一体化包括前向一体化、后向一体化和横向一体化。

（1）前向一体化，指企业获得分销商或零售商的所有权或控制力的战略。

（2）后向一体化，是指企业获得供货方（供应商）的所有权或控制力的战略。

前向一体化和后向一体化哪一个更好呢？一般来说，后向一体化比前向一体化更可能赢利，却降低了企业的战略灵活性，因为一旦进入生产环节，就很难退出。

（3）横向一体化，是指与处于相同行业、生产同类产品或工艺相近的企业联合，以达到扩大规模、降低产品成本、巩固市场地位的目的。

采用一体化战略，有利于提高企业的经营效率，实现规模经济，提升控制力或获得某种程度的垄断。但需要提醒的是，可能存在脱离行业困难、管理程度复杂、能力发展不平衡，不利于技术和产品研发的风险。

2. 密集型战略——李云龙用3 600颗手榴弹歼灭了山崎大队

看过电视剧《亮剑》的读者应该对李云龙率领独立团消灭山崎大队的故事印象深刻。

日军山崎大队人数虽然不多，但因为占据了险要的李家坡山头，构筑了坚固环形工事且武器精良，成为一支难以消灭的力量。程瞎子（剧中人物，386旅772团团长）组织的八次冲锋都失败了，损失惨重。反观山崎大队，气定神闲，认定自己占据了战场优势，一定能等到增援。

李云龙的独立团被派上来之后，并没有让部队像772团一样发起一轮又一轮的冲锋，而是使用土工掘进战术，缩短与敌人在山顶构筑的环形工事的距离。然后将全营的手榴弹集中到一起，分发给独立团一营，要求一营所有战士在两分钟之内，将3 600颗手榴弹扔进山崎大队的环形工事。

结果，这3 600颗手榴弹起到了巨大的杀伤性作用，山崎大队的防御工事迅速被瓦解，独立团成功地歼灭了山崎大队。可以说，这3 600颗手榴弹的集中使用，是用数量上的密集弥补了地形和武器等方面的劣势。

如果说一体化战略是把手伸向自己付钱的一方（供应商）、付钱给自己的一方（顾客）和与自己抢钱的一方（竞争对手），多元化战略（后文阐述）是把手伸向别的领域，去相关的或不相关的地盘抢钱；那密集型战略就是一个踏踏实实的"良民"，在自己的领域内稳步推进产品开发和市场营销，以求得更大的成就。

密集型战略用到的战略工具是 安索夫矩阵（见图3-3）。

需要提醒的是，安索夫矩阵中的"多元化"与下一小节"多元化战略"是不同的概念。多元化战略是企业选择进入与当下经营领域完全不同的新领域的战略。而安索夫矩阵中的"多元化"则是聚焦在原有的经营领域之内，只是将新的产品提供到新的市场上。

所以，安索夫矩阵里的"多元化"是密集型战略下的、基于产品和市场两个维度出发的营销策略。而多元化战略则是企业经营、战略层面的思考。两者的层级范围是完全不同的。

	现有产品	新产品
现有市场	市场渗透	产品开发
新市场	市场开发	多元化

图3-3　安索夫矩阵

（1）市场渗透：用现有的产品面对现有的市场或顾客。重点是以企业既有的产品市场组合为重点，力求增加现有产品的市场占有率。比如某企业当前有10种产品，在某个城市共计100个零售终端里，该企业产品覆盖了60个零售终端，且在这些终端里的整体销售占比约为20%。市场渗透的做法就是，仍然用这10种产品、60个零售终端做文章，通过创新推广促销形式，或者提升服务品质等手段，说服、促使顾客买的更多，达到提升整体销售占比的目的。其结果（比如整体销售占比提升至30%）就是提高了市场渗透率。

（2）市场开发：利用现有产品去开拓新市场。重点是保持现有的产品不变（或产品的核心技术不变），找到不同的市场，或者说尚未覆盖的市场空间进行开拓。还是用上述例子里的数据，市场开发的做法就是，仍然用这10种产品，除了过去已经覆盖的60个零售终端，还要去探索剩下的40

个零售终端，哪些适合销售我们的产品（比如该零售终端附近的商圈、顾客群体的需求跟企业的产品是否匹配），然后做好这些零售终端的开拓、覆盖工作。

（3）产品开发：开发新产品给现有市场（或客户）。重点是在已有的市场范围内，通过产品创新丰富产品类别，扩大产品的深度或广度。依然用上述例子的数据，产品开发的做法是，依然覆盖60个零售终端，但是通过创新研发，将产品种类从10种扩展到15种。用这15种产品去覆盖现有的60个零售终端，让市场或顾客有更多的选择。

（4）多元化：提供新的产品给新的市场。重点是研发新产品，研究新市场。多元化经营的原因是，既有的市场竞争区域白热化，产品同质化严重，市场竞争格局很难改变，整体市场容量增幅有限，倒逼企业去寻找新的战场，尝试新的产品。这也是相对比较冒险的经营策略，它存在一定的"试错成本"，但也是机会与挑战并存的策略。新产品在新市场的尝试，因为竞争者少，竞争压力也相对较小，一旦获得成功，可能会抢先占领顾客心智，获得先发优势。

3. 多元化战略——鸡蛋不能放在同一个篮子里

1）多元化战略

多元化战略指企业突破单一的产品或业务，扩大企业的生产经营范围，实现跨行业、跨领域、跨产品发展，充分利用企业资源，选取多种产品共同经营的新型发展战略。多元化战略主要包括集中多元化、横向多元化、混合多元化。

（1）集中多元化：基于市场、产品和技术等方面的共性，增加新的但与原有业务相关的产品或服务。

（2）横向多元化：向现有顾客提供新的、与原有业务不同的产品或服务。

（3）混合多元化：增加与原有业务不相关的产品或服务。

2）多元化战略的作用

（1）分散经营风险提高经营安全性。局限于某一类产品或某个行业的生产经营活动，很有可能由于行业的变化、竞争格局的变化等原因，直接影响到企业的生存和发展。采用多元化战略则可以分散这种风险，增强企业适应外部环境变化的能力。

（2）有利于企业经营转型。采用多元化战略使企业可以在原有行业的基础上，向新兴行业拓展。一方面可以减轻原有市场的竞争压力，另一方面可以逐步从增长缓慢、收益率低的行业向高收益率行业转移，为企业的经营转型打好基础。

（3）促进原有业务的发展。采用多元化战略可以在原有业务和新兴业务之间形成互相促进的作用。尤其是一些扩展型业务，往往能促进原有业务的发展，激发业务创新的活力。

（4）充分利用内部资源和优势。采用多元化战略能使企业实现资源的高效利用、合理配置。单一的经营模式有可能限制企业的发展，而且资源过度集中，不能最大化利用，造成浪费。采用多元化战略能重新对资源进行统筹管理和分配，实现利用效率最优化。

3）多元化战略的弊端

多元化战略是一把双刃剑。能给企业带来很多收益，但过分追求多元化也会带来一些弊端。

（1）过分追求多元化战略会导致财务风险。很多企业采取多元化战略面临的一个首要问题就是投资资金缺口,这部分资金绝大部分是来自银行或者非金融机构的借贷资金。把有限的资金投入到多个经营项目上,不仅实现不了规模经济,一旦产生经营亏损,财务风险就会随之来临。

(2)过分追求多元化战略容易出现决策失误。这在企业实行"无关联多元化战略"时表现得尤为明显。无关联多元化战略使得企业进入一个全新的领域,隔行如隔山的陌生感有可能造成诸多经营管理决策上的失误。这不仅会让新业务领域的经营表现难有起色,甚至还会拖累原有业务的表现。

(3)过分追求多元化战略会造成管理质量下降。多元化战略必然导致企业管理工作内容更庞杂,难度增加。企业总部或者各业务单元可能会因为管理工作负荷过重,导致管理质量下降。

4)企业实施多元化战略的建议

(1)审时度势,量力而行。在企业现有资金能够保证原有产业持续经营的条件下才考虑采用多元化战略。企业不应当单纯为了跟上市场步伐,为了扩大经济效益而盲目投资,这样不但不能增加经济效益,反而造成资源浪费、资金周转不灵,甚者导致企业破产。

(2)加强企业的成本管理。多元化经营的背景下,企业需要进行大量投资,在保持原有产业持续经营的基础上,进行产业结构调整,虽然增加了企业经济效益,但同时企业成本也变得多元化。此时,企业成本管理变得尤为重要。企业需要在经营过程中,对资源进行有效配置,实现资源利用最大化,扩大对能为企业带来更多经济效益的产业的投资,对于带来经济效益较少的产业,则减少投资,将资金转移到具有竞争优势的产业中,实现优势互补。有弹性地调整资金运营,实现最优的资金利用。

（3）明确多元化战略经营的发展方向。明确多元化经营的方向不但能让企业有效率地进行产业投资，还能提高企业的综合实力，大大增强竞争优势。企业应当根据市场的发展要求，遵循事物发展的客观规律，分析自身发展的经营状况和资金运营情况，有选择、有方向、有目标地进行多元化战略经营。

（4）明确企业的发展条件。首先，企业想利用西方先进管理策略来发展企业，这是可以的，但是应对盲目套用西方管理策略的做法持否定态度。企业应当在引用西方管理策略之前，分析当前经营状况、经济实力，对投资成本进行核算，在本着不影响企业正常经营的原则下进行新领域投资。其次，在多元化战略经营过程中，企业应当时刻关注新领域经营发展趋势，进行产业结构调整。如果新踏入领域持续亏损，资不抵债，企业应当及时止损，避免资源浪费，影响整个企业的运营。最后，企业的市场竞争实力对其在新领域的发展也起着重要作用。原有产业的发展在一定程度上会对企业在新领域的发展起着促进作用，所以企业在任何时候都不能因为刚兴起的产业而忽视企业原有产业的发展。

综上所述，多元化战略经营在某种程度上会分担企业风险，提高经济效益，但应当根据企业自身发展状况以及经济综合实力有选择地进行多元化战略，避免盲从，明确企业多元化战略经营目标，提高成本管理能力，顺应市场发展的潮流，满足市场的需要，有效地进行新领域投资，同时及时调整产业结构，实现弹性化的资金管理。

4. 竞争性战略——巴奴毛肚火锅与海底捞火锅

海底捞火锅讲服务；巴奴毛肚火锅则推出了菌汤和毛肚，走上了"产品主义"之路，广告语变成"服务不是我们的特色，毛肚和菌汤才是"。经过10多年竞争，在河南火锅市场，巴奴毛肚火锅与"无法撼动"的海底捞火锅平起平坐。

"服务不过度，样样都讲究"，巴奴毛肚火锅一直在产品上发力，拓展产品的边界，不断打造优势产品成为巴奴毛肚火锅的经营之道。这也正应了巴奴毛肚火锅主张的"产品主义"：在食客和服务间寻找平衡点，给食客留下足够的空间来体验产品。巴奴毛肚火锅通过坚持不懈的产品力打造吸引了对生活品质有更高追求且更具消费力的高质客户群。这些高质客户群的品牌信任及依赖，不仅是巴奴毛肚火锅与传统火锅品牌的区隔点，还成为前者发展的基石。

任何企业的基本目标都包括获得竞争优势、赚取超额利润与完成使命和愿景。为实现以上目标，企业需要设计并实施一套适当的业务战略。它决定了企业如何在选定区域内采取策略和行动，与竞争对手展开有效竞争。业务战略的本质是"选择与竞争对手不同的行动，或者以不同于竞争对手的方式采取行动"。

迈克尔·波特在《竞争战略》中提出三种基本竞争战略（见图3-4），即差异化战略、成本领先战略和聚焦战略。每种战略都可以帮助企业在特殊的竞争范围内建立并拓展特殊的竞争优势。

在三种战略之间，没有哪一种战略是最好的。企业内、外部环境因素决定了战略的有效性。

1）差异化战略

差异化就是要强调与竞争对手的不同。差异化战略的关键在于为消费者创造出竞争对手不能提供的独特价值，其来源是价值链中的基本活动和支持活动，体现在产品、服务、人员、形象、渠道、定位等方面。产品与服务是最常见的两种差异化来源。

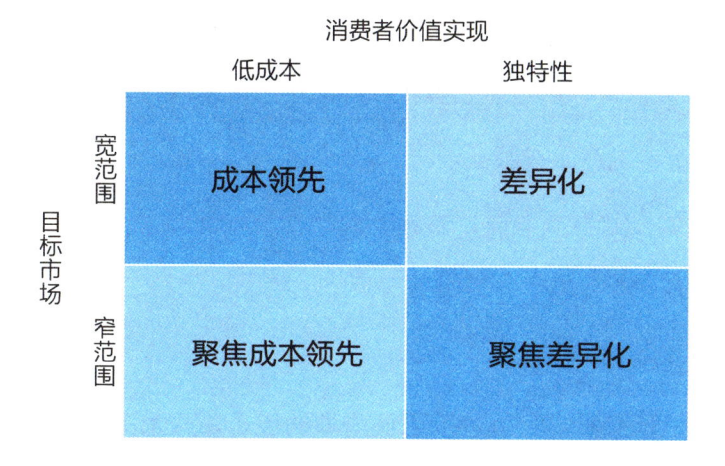

	消费者价值实现	
	低成本	独特性
宽范围	成本领先	差异化
窄范围	聚焦成本领先	聚焦差异化

目标市场

图3-4 竞争战略

能够成功执行差异化战略并获得相应收益的企业需具备以下条件。

（1）所在行业的消费者的需求是多元化的、个性化的。

（2）所在行业的技术变革较快。

（3）具备满足差异化需求的能力。

（4）能够识别差异化的最佳来源，并对以何种方式实现差异化做出战略规划。

企业选择差异化战略，需要注意下列风险。

（1）过度差异化。在差异化特征上大量投入会增加企业成本，导致企业产品或服务定价远远高于竞争对手，有可能超出消费者对差异化特征的支付意愿。

（2）不重视差异化特征的有效传播。忽视差异化产品或服务的市场推广，未能在可接触性、丰富性和密切关系这三个维度建立企业与消费者的关系。

（3）错误定位消费者的需求。错误理解目标消费者的差异化需求，新产品开发或服务创新陷入"南辕北辙"。

（4）竞品仿冒。没有对差异化战略的成果进行有效保护，导致目标消费者选择模仿者的产品或服务。

（5）大环境变化。在社会环境与经济形势的影响下，消费者的支付意愿和支付能力与差异化产品或服务的定价出现不匹配。

2）成本领先战略

成本领先就是要比竞争对手更低成本的优势。成本领先者所提供的产品或服务并不会减少消费者从产品中获得的价值。

企业如果选择成本领先战略，其所处的行业应符合以下条件。

（1）市场是完全竞争的。

（2）产品或服务能够实现大规模生产。

（3）产品具有较高的价格弹性。

（4）产品是标准化或同质化的。

（5）消费者具有很强的议价能力。

成本领先战略是使用最广泛的一种战略，企业如果选择该战略，应需注意以下三类风险。

（1）过于关注成本。企业不能仅仅依靠低价吸引消费者，而忽略对原有产品或服务的改进。企业在降低成本之余，还应维持其竞争性。

（2）忽视产业内的技术变革。技术变革或颠覆性技术的出现会打破成本领先战略建立起来的壁垒。

（3）竞争对手的模仿。同行的竞争对手与潜在进入者可以通过模仿学习，开发出相近的产品或服务，然后引发价格战。

3）聚焦战略

在某个特定领域采取差异化或成本领先的战略，从而获得竞争优势。采取聚焦战略的企业通常利用其核心竞争力满足某一特定细分市场的需求且不考虑其他需求，或想要把竞争对手排除在该市场之外。采取聚焦战略的中小企业，由于其资源和能力有限，只能将目标锁定为个别细分市场的差异化或成本领先。

能够成功执行聚焦战略的企业需要具备如下条件。

（1）目标市场有一定规模，具有较大的需求空间或增长潜力，以及完全不同的消费者群体。

（2）企业具备有效服务目标市场的资源和能力。

（3）目标市场不是注意竞争对手的争夺焦点，竞争对手不采取聚焦战略就能在该市场能进行专业化经营。

（4）企业能够建立起产品或服务声誉以及消费者忠诚，来防御竞争对手和潜在进入者。

采取聚焦战略的企业除了面临与差异化战略或成本领先战略相同的一般性风险，还需要注意以下三种风险。

（1）竞争对手利用很小的竞争力服务于一个更窄的细分市场，原来的聚焦战略变得"不再聚焦"。

（2）目标市场内的利润吸引了整个行业的竞争对手，目标市场被蚕食、瓜分。

（3）消费者群体的特殊需求因技术创新、替代品的出现或价值观念的转变而发生了改变，转向了大众化市场或其他细分市场。

5. 蓝海战略——年轻人不讲武德？

武术是中华民族在长期的历史进程中不断创造、慢慢形成的一个运动项目，如今已经从多个方面体现了其面临的危机：武术成了"舞术"，武本理论、训练的不科学性，擂台赛散打是"假打"。

近几十年来，"功夫热"遍及各洲。擂台赛上的各种武术、硬功竞赛表演屡见不鲜。在我国武坛上，武术也已经成为"舞武"的表演性套路，而传统的技击散打、特殊技能（气功、硬功）等濒临失传。

那些后期开枝散叶的诸多"套路"，早已打破了原本的"武术"的边界，开辟了新的空间。

W. 钱·金、勒妮·莫博涅的《蓝海战略》为企业指出一条通向未来增长的新路。他们认为，"红海"战略是指企业主要立足当前已存在的行业和市场，采取常规的竞争方式与同行业中的企业展开针锋相对的竞争，而"蓝海"战略则是指企业不局限于现有行业边界，而是极力打破边界条件，通过提供创新产品和服务，开辟并占领新的市场空间的战略。红海战略和蓝海战略的比较如表3-3所示。

表 3-3 红海战略和蓝海战略的比较

红海战略	蓝海战略
在已经存在的市场内竞争	拓展非竞争性市场空间
参与竞争	规避竞争
争夺现有需求	创造并攫取新需求
遵循价值与成本互替定律	打破价值与成本互替定律
根据差异化或成本领先的战略选择，把企业行为整合为一个体系	同时追求差异化和成本领先，把企业行为整合为一个体系

蓝海战略是一种崭新的战略思维，其制定和实施的方法不同于典型的

战略规划。典型的战略规划以行业现状和竞争态势的描述为基础，然后开始有关增加市场份额、夺取新的细分市场或缩减成本的讨论，再后便是提出目标和提案的纲要。这样的思维不容易打破成规，也不容易对如何突破现有的竞争有一个清晰的全局性认知，因而通常也只能导致一些战术性的红海行动，较难启迪蓝海战略的创新。

蓝海战略开拓了一套条理清晰的绘制和讨论战略布局的过程，以将企业战略推向蓝海。表3-4展示了指导蓝海战略成功制定与实施的原则，以及遵循这些原则所降低的风险。

表 3-4　蓝海战略制定与实施的原则

战略制定原则	各原则降低的风险因素
重建市场边界	搜寻的风险
注重全局而非数字	规划的风险
超越现有需求	规模的风险
遵循合理的战略顺序	商业模式的风险

战略实施原则	各原则降低的风险因素
克服关键组织障碍	组织的风险
将战略执行建成战略的一部分	管理的风险

蓝海战略的战略制定原则中，重建市场边界是指从现有竞争状态或格局中跳脱出来，主动迈入更大更好、竞争更少的市场。注重全局而非数字是提醒企业管理者，多从战略的高度和全局角度看待企业战略，而不是陷入具体的业务数字或一城一池得失的泥沼中。超越现有需求是要求将关注点放到非顾客群体，强调通过价值创新，不断扩大市场需求，而不是追逐细分市场。遵循合理的战略顺序是以消费者价值为中心进行战略思考，按正确的顺序评估战略价值，以降低商业模式的风险。

对于企业来说,最大的难点在于如何成功地从一大堆机会中准确地选出具有蓝海特征的机会。搜寻蓝海市场机会是有方法可循的,表3-5展示了六种重建市场边界的法则,适用于所有的行业。

表 3-5　重建市场边界的法则

法则	详解
产业	审视他择产业
战略群体	跨越产业内不同的战略群体
买方群体	重新界定产业的买方群体
产品或服务范围	放眼互补性产品或服务
功能—情感导向	重设产业的功能与情感导向
时间	跨越时间参与塑造外部潮流

思考与练习:结合你所在企业的实际情况,分析你能做出的最优战略选择是什么?

_____

_____

_____

四)构建战略地图 ——从张松献图到隆中对实施

《三国演义》里有一个故事。听说张鲁要来进犯,刘璋束手无策。属下张松自告奋勇前去许都,要说服曹操攻打汉中张鲁,以解益州之围。张松原准备把西川地图献给曹操,不料曹操见其相貌猥琐,不予礼遇,还乱棍将其打出。张松在归川的路上,受到了刘备的厚待,感动之余,就将绘制的西川地图献给了刘备。以张松所献的西川地图为基点,刘备制定了"立足荆州,谋取西川,北图汉中,直指许昌"的立国战略。汉建安十六年(公元211年),刘备提三万精兵,领庞统、黄忠、魏延入川。从此,刘备正式按隆中对策略，成就了刘备建立蜀国的霸业。

大家对地图都不陌生，如果平常要去一个不清楚怎么去的地方，就会用地图应用搜索路线。所以，地图可以让大家找到相对最适合到达目的地的路径。战略地图就具备这种功能，可以让企业清晰地看到走哪几条路，才能实现企业的战略目标。

1. 战略地图的由来

战略地图由罗伯特·卡普兰和戴维·诺顿提出。1992年，他们提出了革命性的业绩衡量系统——平衡计分卡，从而使企业能够量化关键的无形资产，如人力、信息和文化等资产。

战略地图是在平衡计分卡的基础上发展来的，是平衡计分指标体系的重要延伸。在对实行平衡计分卡的企业进行长期的指导和研究的过程中，两位大师发现，平衡计分卡只建立了一个战略框架，而未对战略进行具体而系统、全面的描述。企业由于无法全面地描述战略，管理者之间、管理者与员工之间无法沟通，无法达成战略共识，战略就无法落地，正如两位大师所传达的"你无法描述的，就无法衡量；你无法衡量的，就无法管理"。因而，两位大师创造了的新的管理工具——战略地图。战略地图是以平衡计分卡的四个层面目标（财务层面、客户层面、内部流程层面、学习与成长层面）为核心，通过分析这四个层面目标的相互关系而绘制的企业战略因果关系图。

平衡计分卡为描述战略、衡量战略和管理战略提供了的严密逻辑体系。战略地图则在以平衡计分卡为框架的基础上，增加了两个层次的东西：一是颗粒层，每一个层面下都可以分解为很多要素；二是动态层，也就是说战略地图是动态的，可以结合战略规划过程来绘制。

2. 战略地图的价值

战略地图之所以享誉全球，是因为其具体的、非凡的价值，它已经帮助无数企业实现战略目标。而且，利用战略地图可以描述战略并向全体员工宣贯，可以确定驱动战略成功的关键内部流程；可以使人力、技术和组织资本投资协调一致，取得最好效果；可以揭示战略缺陷，尽早采取纠正措施。通过提供战略规划和战略执行之间遗漏的联系，战略地图为描述、衡量、保持无形资产的协调一致并取得卓越业绩提供了蓝图。这一蓝图既包含了预期的战略结果，也包含了关键的流程和必要的基础建设。

企业使用战略地图可以更好地明确各个部门应该承担的责任，帮助企业清晰地传达企业的战略，清楚地讲好"战略故事"，从四个层面帮助企业结合财务目标与非财务指标实施企业战略，有利于战略的落地与战略执行效果的综合评价。

3. 战略地图的核心内容

战略地图的核心内容包括：企业通过运用人力资本、信息资本和组织资本等无形资产（学习与成长层面），才能创新和建立战略优势和效率（内部流程层面），进而使企业把特定价值带给市场（客户层面），从而实现股东价值（财务层面）。

如前所述，战略地图（见图3-5）以平衡计分卡的四个层面目标（财务层面、客户层面、内部流程层面、学习与成长层面）为核心，这四个层面之间是一种逻辑递进的关系。企业都追求财务的提升，而财务的提升需要客户的满意和市场的认同，而客户的满意又离不开内部流程的优化和所提供的优质产品与服务，最后内部流程的优化源于员工学习的进步与能力的提升。

在制定战略时,可以从这四个维度进行分解。财务层面提供了企业成功的最终定义——如果想要成功,企业该如何看待股东。客户层面定义了目标细分客户的价值主张——为了实现愿景,企业怎么面对客户。内部流程为客户创造并传递价值主张——为了满足客户需求,企业必须完善和擅长哪些流程。学习与成长层面增加了企业无形资产,而无形资产是持续创造价值的最终源泉——为了实现愿景,企业如何学习和成长。

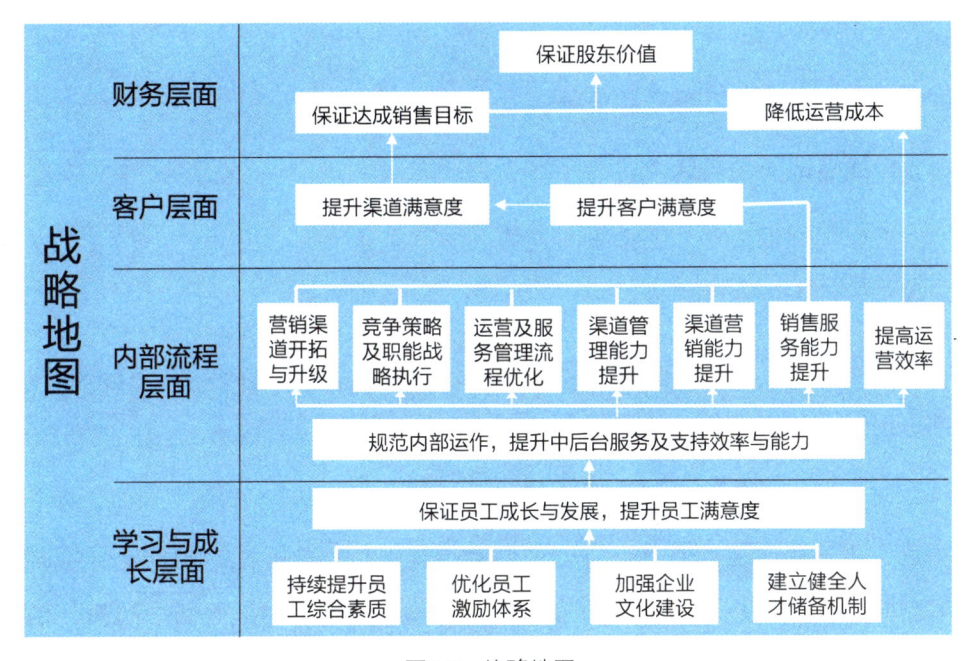

图3-5 战略地图

现在大家知道了一份战略地图的全貌。企业的战略地图绘制、战略的规划及实施是一个自上而下的过程。

在财务层面,企业要保证股东价值,就需要开源和节流两项关键财务举措。开源是企业要保证达成销售目标,而节流是要降低运营成本。其中,保证达成销售目标主要是通过提升客户满意度和渠道满意度来实现的,而降低运营成本则是通过提高运营效率来实现的。

提高客户满意度和渠道满意度两项内容,就是企业在客户层面方面的战略目标。

在内部流程层面，企业需要规范内部运作，提升中后台服务及支持的效率与能力。其中包括营销渠道开拓与升级、竞争策略及职能战略执行、运营及服务管理流程优化等内容。

最后，企业要想实现上述内部流程层面目标，需要企业建立内部强大的学习成长支撑：一是要保证员工成长与发展，二是要提升员工满意度。实现这两点的举措包括持续提升员工综合素质、优化激励体系、加强文化建设、建立健全人才储备机制等。

4. 战略地图的具体内容

上面提到的战略地图是方向性的。接下来通过一个示例（见图3-6）来看看战略地图的具体内容。

战略地图的财务层面和客户层面是回答"在哪里竞争"的问题，而内部流程层面和学习与成长层面是回答"如何竞争"的问题。

进一步剖析，财务层面要回答"在哪里增长，在哪里提升效率"两个问题，客户层面要回答"客户价值主张是什么"一个问题，内部流程层面要回答"如何构建专业运作体系，如何整合专业服务资源"两个问题，学习与成长层面要回答"如何持续发展，如何打造核心竞争力"两个问题。

这一次从下往上逐层分析战略地图。在学习与成长层面，主要通过学习与成长积累企业的无形资产。在战略地图中，无形资产被分为三类：一是人力资本，包括员工技能、才干和知识等；二是信息资本，包括数据库、信息系统、网络和技术基础设施等；三是组织资本，包括文化、领导力、员工协调一致、团队工作和知识管理。当这三类资本与企业战略协调一致时，企业就会具有很高的组织准备度，从而有能力动员和维持战略执行所要求的变革流程。

第三章 战略解码 121

示例

财务层面
- 在哪里增长？
- 在哪里提升效率？

生产率战略
- F3 降低运营成本
- F4 提高资产使用效率
- F1 实现企业价值最大化

增长战略
- F2 提高主营业务销售收入

客户层面
- 客户价值主张是什么？

- C2 提高品牌影响力
- C1 提高产品市占率
- C3 提升获利能力

内部流程层面
- 如何构建专业运作体系？
- 如何整合专业服务资源？

生产运营管理提升
- I8 提高产品产能
- I9 加强供应链管理
- I7 提高产品质量

品牌运作
- I6 加大品牌定位与推广

渠道掌控
- I4 推行ABC渠道
- I5 建设区域一体化营销体系

产品创新
- I2 加大产品品类拓展
- I3 建设研发平台
- I1 提升现有产品技术含量

学习与成长层面
- 如何持续发展？
- 如何打造核心竞争力？

组织资本
- L4 优化和匹配战略组织架构

信息资本
- L3 建设ERP平台

人力资本
- L1 建立策略性人才管理模式
- L2 优化人力资本效率

← 在哪里竞争？
← 如何竞争？

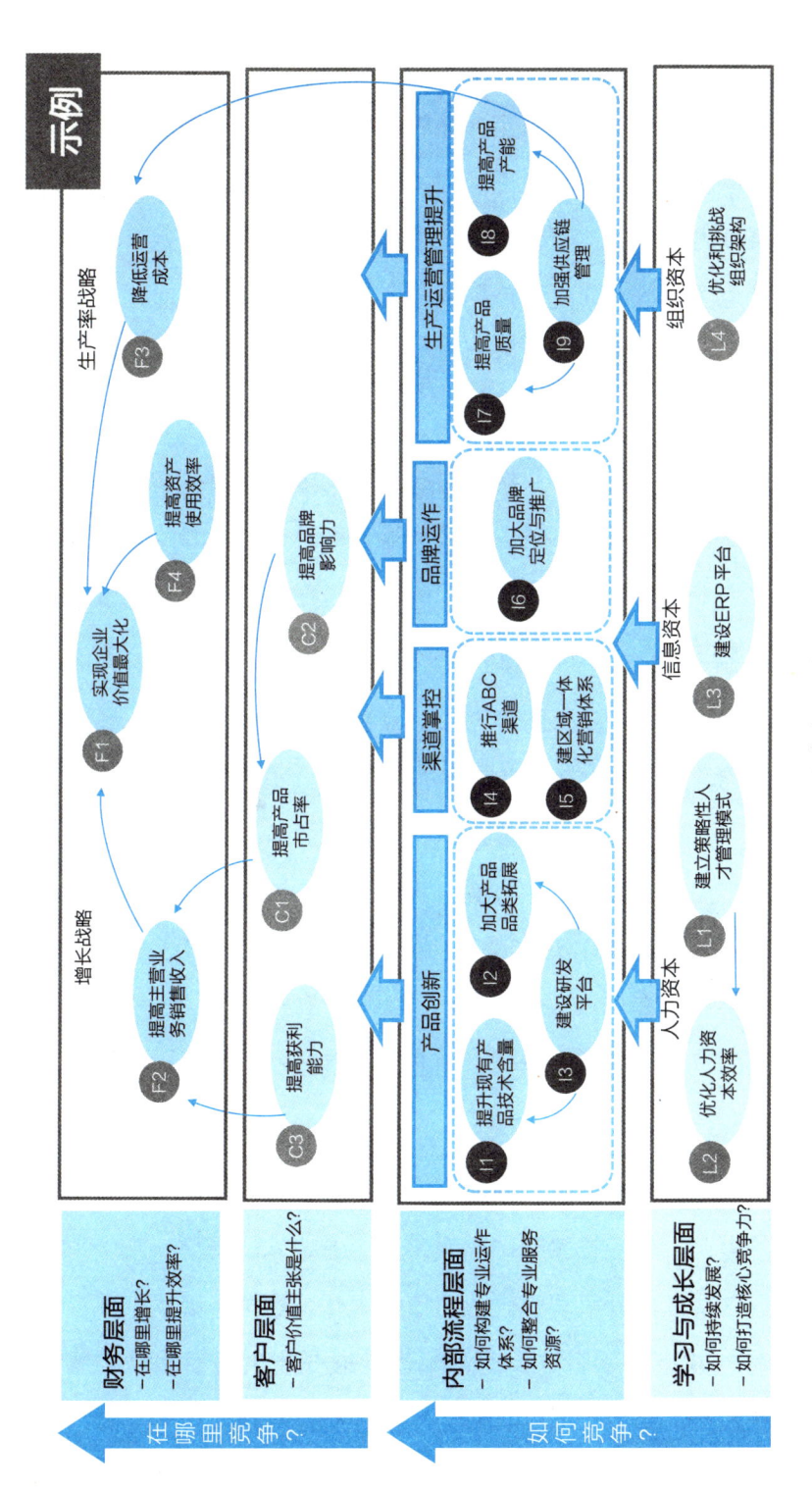

图3-6 战略地图示例

有了无形资本，企业建立专业的、高效的、顺畅的内部流程就会容易很多，梳理产品创新、渠道掌控、品牌运作、生产运营管理提升这些核心工作做起来也能得心应手。内部流程能实现两个关键的企业战略要素。一是价值是通过内部业务流程创造的，通过内部流程向客户生产和传递价值主张。二是为了财务层面的生产要素效率，通过内部流程优化降低成本。在内部流程层面，既要对短期的现有的业务进行改善，又要对长远的产品和服务进行革新。

有了专业的、高效的、顺畅的内部流程，企业才能在客户层面实现提高产品市场占有率、品牌影响力和获利能力的目标。战略的基础是差异化的客户价值主张，创造持续的差异化的客户价值主张是战略的核心。而不同的客户价值主张，会使客户目标不同。

从客户角度出发一般有四种客户价值主张：第一是总成本最低，向客户提供一致的、及时的、低成本的产品和服务；第二是产品领先，突破现有的业绩边界，提供令客户高度满意的产品和服务；第三是完善客户解决方案，为客户提供最优的解决方案；第四是系统锁定，向客户提供多种选择和方便接入的系统、广泛的适用标准、平台稳定型创新，向合作厂商增加价值（提供大量客户基础，提供易用的平台和标准）。为了更有效地利用企业有限的资源实现关键目标，企业应当确定核心客户，并致力满足核心客户的需求，而不是满足所有客户的偏好。

最后在财务层面，产品市场占有率和获利能力的提高能带来主营业务销售收入的提升，供应链管理的加强带来运营成本的降低，加上资产使用效率提高，这四点共同实现了企业价值最大化，达成了财务层面目标。需要注意的是，并不是所有的长期策略都能很快产生短期的财务盈利。所以，在财务层面，要实现长短期对立力量的战略平衡。

5. 战略地图的构建

一般基于战略主题来构建战略地图，而战略主题是一组组战略目标的集合，并且大多数战略主题是一些内部流程层面目标的纵向结合。基于内部流程层面的战略主题向上连接了客户层面和财务层面的目标，向下连接了学习与成长层面的目标。

下面具体分析一下战略主题。某公司的一个战略主题是通过深挖现有客户增加收入。该公司以优质产品和服务开展竞争，希望获得更高的客户忠诚度。这一战略主题是提升市场开拓能力这一内部流程层次目标的纵向结合，向上连接了提高产品销售收入这一财务层面目标和加大现有客户开发力度这一客户层面目标，向下连接了构建CRM信息系统这一学习与成长层面目标。

每个战略主题包含了几个相关的战略目标。确定战略主题的下一步就是为战略目标设置衡量指标。一般来说，每个战略目标至少有一个衡量指标。随着衡量指标的确定，战略目标更易于跟踪和实现。例如，加大现有客户开发力度的衡量指标是大客户销售占比，提高客户管理能力的衡量指标是客户分级管理体系完成情况，构建CRM信息系统的衡量指标是CRM信息系统的上线时间。

综合梳理一下构建战略地图的步骤。

（1）确定价值差额，通过企业愿景描述设定目标值。这个目标与现在之间的差距即为价值差额。

（2）确定战略主题，分解价值差距，即将价值差额分解到不同的战略主题中去。每个战略主题分别创造价值，累加起来等于整体的价值差额。

（3）确定战略目标，即每个战略主题所包含不同的战略目标。

（4）分解战略目标，即从财务、客户、内部流程及学习与成长这四个维度进行分解，绘制战略地图。

（5）将战略与战略地图结合起来进行系统性检查，确保战略地图能有效和完整地体现战略的各项内容和思想。

实际工作中可参考图3-7所示的工具进行战略地图的构建。

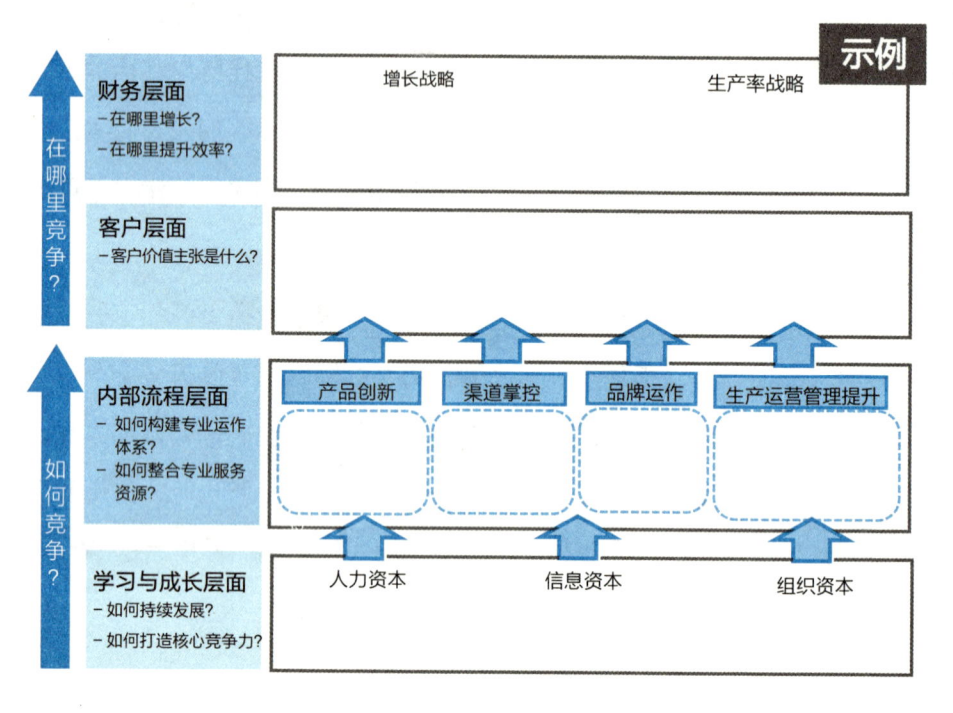

财务层面
- 在哪里增长？
- 在哪里提升效率？

增长战略　　生产率战略

客户层面
- 客户价值主张是什么？

内部流程层面
- 如何构建专业运作体系？
- 如何整合专业服务资源？

产品创新　渠道掌控　品牌运作　生产运营管理提升

学习与成长层面
- 如何持续发展？
- 如何打造核心竞争力？

人力资本　　信息资本　　组织资本

在哪里竞争？　如何竞争？　示例

图3-7　战略地图的构建工具

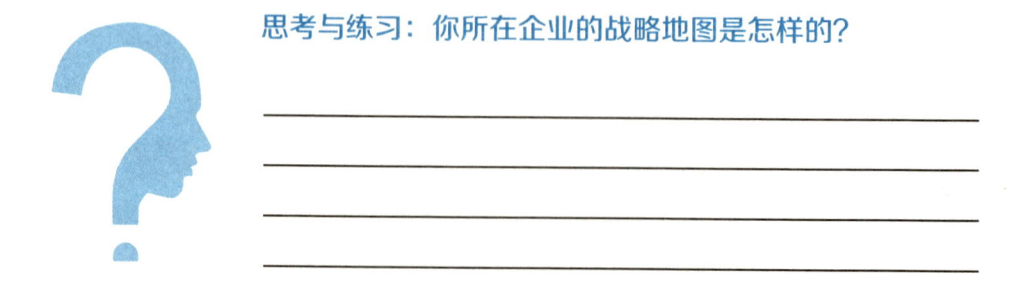

思考与练习：你所在企业的战略地图是怎样的？

_____
_____
_____
_____

五）绘制战略路径——雀巢公司是个购物狂

有了全面的战略地图后，如何进一步让战略落地呢？

假如说战略地图是一个全局性的"面"，战略路径则相当于各条"线"。一条条清晰的路线，组成了完整的画面。

雀巢公司创建于1867年，总部在瑞士韦威，是世界上最大的食品制造商。1867年，药剂师亨利·内斯特在瑞士创建了雀巢公司，并以盾形纹章——鸟（雀巢）作为公司的标志，这便是后来驰名全球的雀巢公司的雏形。

在这以后的100多年中，雀巢公司靠打破区域市场的束缚，进行跨国兼并来壮大自己的规模，调整企业发展重点，扩大产品种类，成为全球性企业。

1929年，雀巢公司成功并购了三家巧克力公司（Peter, Cailler, Kohler）。

1947年，雀巢公司与美极公司合并，使公司的销售额从8.33亿瑞士法郎提高到13.4亿瑞士法郎。

1985年，雀巢公司对卡纳森公司的收购是当时石油行业之外有史以来最大的一笔收购。

1988年，雀巢公司并购了英国的能得利公司，后者为雀巢公司带来了最为著名的产品之一——奇巧巧克力。

1992年，雀巢公司拿下了法国的矿泉水制造商毕雷公司。

1997年，雀巢公司收购了圣培露矿泉水公司。

另外，西班牙、澳大利亚和加拿大最大的冰激凌制造商也被雀巢公司纳入旗下。雀巢公司成了世界最大的食品和饮料公司。

2001年，以103亿美元兼并了美国著名的宠物食品公司普瑞纳，雀巢公司一跃成为全球第二大宠物食品制造商。当年，雀巢公司还以26亿美元收购冷冻食品公司美国厨师公司。

在冰激凌方面，雀巢公司为了与自己的宿敌联合利华公司一决雌雄，选择了并购相关企业来快速提高自己的竞争力。2002年和2003年，雀巢公司分别购买了合作伙伴哈根达斯公司，还有德国的Schoellers公司以及美国第三大冰激凌公司德雷尔公司。并购德雷尔之后，雀巢公司在美国拥有"哈根达斯""德雷尔"旗下的"德里梅利""戈蒂瓦"和"星巴克"等高档冰激凌品牌，迅速改变了美国高档冰激凌"雀巢""德雷尔""联合利华"三分天下的局面。

此外，从1999年到2003年，雀巢公司收购了至少32家水务公司。

2005年12月，雀巢公司以2.4亿欧元收购了希腊冰激凌生产商Delta Ice Cream。

2006年6月，雀巢公司出资约6亿美元收购减肥公司Jenny CraigInc.（JCG.XX）。雀巢公司借此拓展高利润的保健营养品业务。在这笔收购之前，雀巢公司还收购了澳大利亚营养快餐公司Uncle Tobys。

2007年，雀巢公司动用将近70亿瑞士法郎资金从诺华制药公司手中收购其美国子公司格伯婴儿食品公司。经过这一收购，雀巢公司成为世界最大婴儿食品出品商。同年，收购瑞士传统的矿泉水生产商Henniez，并成为世界上最贵的巧克力的制造商Pierre Marcolini的合作伙伴。

2010年2月，雀巢公司拿下云南大山饮品有限公司70%的股权。

2011年4月，收购银鹭60%股权。

2011年7月，宣布以111亿元人民币取得徐福记60%股份。

通过上百年的投资扩张及并购，雀巢公司奠定了自己在全球食品行业中的领先地位。

应该说，雀巢公司在实现自己的战略意图（战略地图）过程中，规划和实践的战略路径是非常清晰的。

下面将解读实现企业战略的一般路径。

1. 兼并/收购

兼并和收购是扩张战略的两种常用方式。兼并是指两个规模相当的实体合并为一家企业。收购则是指一家企业购买另外一家企业。

一家企业兼并或收购另一家企业的可能获得以下收益。

- 提高产能利用率。
- 更好地利用现有的销售力量。
- 减少管理层员工。
- 获取规模经济。
- 缓和销售的季节性变化。
- 获得新的供应商、经销商、消费者、产品等。
- 获得新技术。
- ……

但是，并不是所有的兼并或收购都有效并且成功，失败的关键原因如下。

- 整合失败。
- 对目标评价不够。
- 大量或者显著的债务。

- 不能达成协作。

- 过于多元化。

- 管理者过度关注收购行为。

- 收购规模太大。

- 整合不同组织文化的难度太大。

- 员工士气因为裁员或者搬迁而降低。

- ……

2. 战略联盟

战略联盟指的是两个或两个以上的经济实体为了实现特定的战略目标，在保持自身独立性的同时，通过股权和非股权的方式建立较为稳固的合作关系。企业如果担心投资风险过大，又想缩短研发时间、降低研发成本并分散风险，就可以扩大信息网，通过战略联盟的方式获得增长。这种方式不仅可以防止企业间过度竞争，加强合作，共同维护竞争秩序，还能够通过合作伙伴带来本企业所渴望的技术、技能、知识、进入新市场的机会和风险分担等优势。

3. 自身发展

自身发展指的是企业利用自身资金和资源积累，调整资源配置，实现发展。这适用于企业创业期的发展。企业通过对核心技术的研发、核心竞争力的培育等方式获得增长。

企业可以通过先于竞争对手进入市场，或者开发一项新产品或服务获得益处，从而取得先行者优势。

企业成为先行者的益处多多，具体如下。

- 获得稀有资源。

- 获取对关键因素和问题的知识。

- 获得市场份额和最佳的市场地位。

- 建立并确保和客户、供应商、经销商及投资者的长期关系。

- 获得客户的忠心和承诺。

但是,企业要成为明智的先行者,需要做以下举措。同时,企业为了保持通过先发制人取得的竞争优势,还需要成为一名快速学习者。

- 在客户心中建立企业的形象和声誉。

- 在新技术、新组件、新渠道等方面优于竞争对手,获得生产成本优势。

- 培养具有高忠诚度的客户群体。

- 让竞争对手难以或不能模仿。

思考与练习:实现你所在企业的战略意图的路径是怎样的?

_____

_____

_____

六)规划职能部门战略——1+1>2,而不是2=1+1

杰克·韦尔奇说"仅仅有一个宏伟的战略目标是不够的。决定成败的不是目标,而是措施"。这句话提醒我们,战略目标一定要转化成为具体的行动措施。所以,仅仅制定出全面的、正确的、清晰的战略地图是不够的,还需要进一步落实到各个职能部门的战略规划层面上。

职能部门战略是按照公司总体战略或业务单元、战略对企业内各方面职能活动进行的谋划，是为贯彻、实施和支持公司总体战略与业务单元、战略的实现，而在特定职能领域进行的战略设计和安排。

1. 职能部门战略的特点

（1）职能部门战略是为公司总体战略和业务单元战略服务的，它规定着企业在某一职能领域的努力方向，并服从于企业发展的总体方向。

（2）职能部门战略期限短。职能部门战略用于确定和协调短期的经营活动，时间跨度较公司总体战略短，一般为1~2年。

（3）职能部门战略的内容更具体、专业，且具有行动导向性。职能部门战略必须比公司总体战略更加具体，更加明确，才能为职能管理人员提供具体的工作指导，使他们明确工作方向，使他们知道如何完成工作目标。

（4）最后，职能部门战略的制定需要职能管理人员参与。在职能部门战略制定阶段，吸收基层管理人员的意见可以使他们清楚自己所需要达成的目标，从而增强他们的责任心，对成功执行职能部门战略非常重要。

2. 职能部门战略的类型

企业的职能部门战略一般可分为生产运营型职能战略、资源保障型职能战略和战略支持型职能战略三大类。

（1）生产运营型职能战略，是企业或业务单元的基础性职能战略，从企业或业务运营的基本职能上为公司总体战略或业务单元战略提供支持，包括研发战略、采购战略、生产经营战略、质量战略、市场营销战略、物流战略等。

（2）资源保障型职能战略，是为公司总体战略或业务单元战略提供资源保障和支持的职能部门战略，包括财务管理战略、人力资源战略、信息化战略、知识管理战略等。

（3）战略支持型职能战略，是从企业全局上为公司总体战略和业务单元战略提供支持的战略，包括组织管控战略、企业文化战略、公共关系战略等。

对于大多数企业来说，市场营销战略、生产经营战略、财务管理战略、人力资源战略和组织管控战略是企业需要重点关注的职能部门战略。

3. 职能部门战略规划

从职能部门战略的本质出发，职能部门战略规划主要包括以下三个方面的内容。

- 职能战略目标。职能战略目标是指从公司总体战略出发，层层分解，以明确职能领域的工作要达到的境界。如果达到了该境界，就满足了公司总体战略和业务单元战略对本职能领域的要求，从而本职能领域也就完成了支持战略实现的使命。

- 职能核心工作。职能战略目标是相对抽象的，需要被分解为一系列具体的职能工作任务。一般把支持职能战略目标的职能工作任务称为职能核心工作。例如，财务管理战略目标之一是为战略提供资金保障，则职能核心工作可能包括：维护银行关系，达成年度融资目标，做好集团内部资金归集和调度，等等。显然，不同的职能部门战略会要求不同的职能战略目标，而不同的职能战略目标会产生不同的职能核心工作，会有不同的衡量指标。

- 职能目标衡量。在职能部门战略规划中，非常强调目标的量化。正如大师所说的"如果不能衡量，就不能改进"。如果战略目标只是一句口号，只是定性的说明，缺少量化的指标，缺乏具体的数字指标的话，目标实现起来一定会有问题的。衡量指标将目标具体化，以便更好地跟踪进程，实现战略目标。

那么，如何选择和确定衡量指标呢？一般一个职能战略目标需要设置一个以上的衡量指标。

（1）要建立符合经营战略的财务指标和体现消费者价值主张的服务指标。

（2）设置内部指标，考虑通过内部流程增强对财务和消费者视角的支持性和驱动程度。

（3）设置员工的学习与成长指标，系统解决好"如何提供战略所需要的新能力和核心能力"的问题。

思考与练习：你所在企业的职能部门战略是怎样的？

_____
_____
_____
_____

五、总结：化目标为路径——解码做得好，执行不跑偏

对于战略管理全过程来说，战略解码是其中非常重要的一个环节，起到了承上启下的作用。正如本章开篇中提到的，要想跨越从战略制定到战略执行的鸿沟，战略解码做没做、做得好不好，其影响至关重要。

战略共识也好，战略分析也好，战略解码也好，从根本意义上来说，是为了确保企业在"做正确的事"。而战略解码的环节，是确保各岗位、

各层级、各员工都在"做正确的事"。每个人的小目标,服务于全企业的大目标。明确每个人执行的每件工作小事,才能保障部门级、事业部级、企业级的大事、大目标得以完成、实现,最终才能实现整体战略意图。

做好战略解码,化战略目标为实现路径。做好战略解码,让每个人的执行不跑偏。

04

战略执行

第四章

一、综述：既要有战略执行力，还要有战略执行能力——有导航，不迷路

很多企业的销售团队喜欢学习"执行力"的课程；很多企业的营销高管在团队销售业绩不理想时说：我们的战略方向是正确的，工作计划是清晰的，资源保障是充分的，最后还做不好，那一定是团队执行力不强！

本章内容是战略执行，笔者认为有必要先厘清与执行相关的概念。

在谈战略执行的时候，需要重点关注两个概念：执行力和执行能力。

从管理的角度来看，执行力强调完成任务的意愿、速度、程度，比如，工作布置下去，是不是能积极主动推进，立即去做，100%地完成。执行能力则更强调完成任务需具备的能力素质水平，比如，从完成质量的要求上看，必须具备哪些关键技能，不同技能水平对于最终质量有着不同影响。

执行力取决于客观环境和主观意愿，而执行能力取决于先天或后天能力水平。

执行力要靠制度流程和氛围营造，而执行能力靠知识积累和技能培养。

所以，以后再强调团队执行问题，笔者建议大家先认真思考一下，到底是执行力出了问题，还是执行能力出了问题，因为不同的问题需要不同的解决方案。

基于上述理解，笔者认为，战略的执行，既需要立即行动、不折不扣地完成任务的战略执行力，又需要能做对、能做好的战略执行能力。（见图4-1）

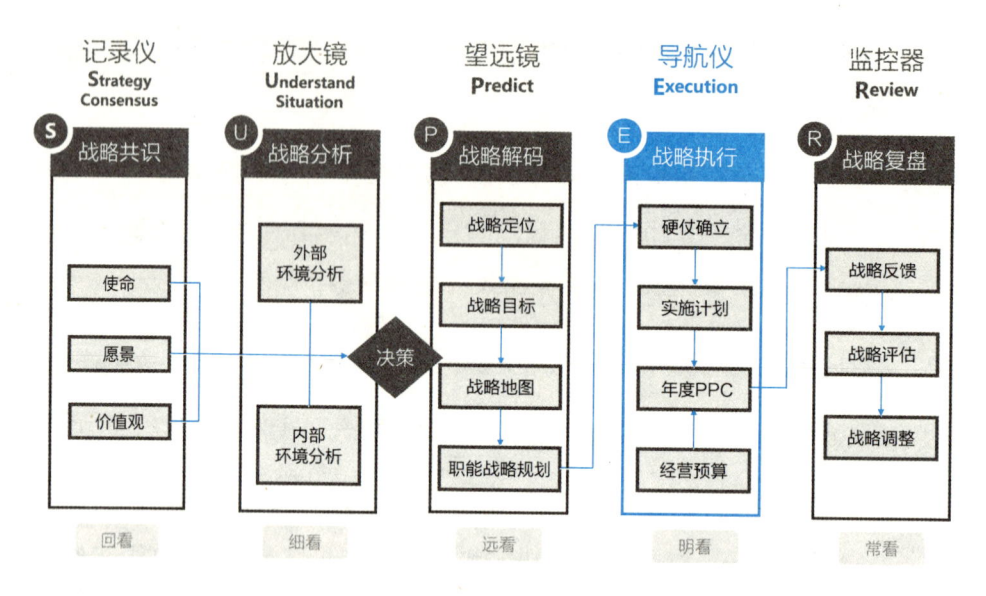

```
记录仪              放大镜              望远镜              导航仪              监控器
Strategy          Understand          Predict           Execution          Review
Consensus         Situation
```

S 战略共识	U 战略分析	P 战略解码	E 战略执行	R 战略复盘
使命	外部环境分析	战略定位	硬仗确立	战略反馈
愿景	决策	战略目标	实施计划	战略评估
价值观	内部环境分析	战略地图	年度PPC	战略调整
		职能战略规划	经营预算	
回看	细看	远看	明看	常看

图4-1　极简战略管理SUPER™模型之战略执行

二、没有执行，一切都是空谈——空谈误国，实干兴邦

"空谈误国，实干兴邦"是中国共产党对广大党员干部的警示和要求。

成功缘于实干，祸患始于空谈。战国赵括"纸上谈兵"，两晋学士"虚谈废务"，是治国理政的大忌。

虽然战略层面的决策和策略层面的取舍对企业的成功很重要，但战术层面的执行，同样是战略落地与效果保障的关键。战略再正确，策略再完美，如果没有人去执行，没有人认真地、正确地执行，战略和策略就毫无价值。

华为公司的任正非曾说："没有执行力，一切都是空谈！"本书也坚持这个主张。

前三章花了大力在达成战略共识、科学战略分析、层层战略解码方面做足了功夫，接下来的战略执行是否到位，直接决定了前三项最终的落地结果是否有效。

三、战略执行就是要把事情做对做好——一流的执行才配得上一流的战略

战略执行是通过一套有效的管理方法、流程、行动计划把战略选择或决策转化为战略结果。通俗地讲，战略执行就是要把战略层面决定好的事情做对、做好。

考察一个企业团队战略执行能力的优劣，就是拿战略执行的结果对标战略的目标，评估两者的差距大小，差距越小，说明战略执行能力越强，而能达成战略目标甚至超越战略目标的团队，必定是一支战略执行能力超强的团队。

战略执行强调把事情做对、做好，包含了两个层面的要求。

- 执行得对，要求的是按部就班、不折不扣、一丝不苟地完成既定的计划。考虑到执行过程中不可控因素的影响，能做到这一层，执行结果基本上能做到80分以上。

- 执行得好，要求在执行得对的基础上，能灵活处理多变的情况，保持战略目标不变的前提下，不断优化行动方案，付诸行动，及时复盘，迭代优化，甚至以更高挑战目标要求自己，做突破创新性行动。能做到这一层，执行结果才有可能接近乃至突破100分。

笔者认为，既能把战略执行得对，又能把战略执行得好，才是一流的战略执行。期望企业的战略管理者们，都能以一流的执行标准推动战略落地工作，方能不负一流的战略。

四、做好战略执行的五个关键步骤

做好战略执行有五个关键行动步骤，分别是：规划战略"硬仗"、制定OGSM策略方向、分解形成落地行动计划、签订结果承诺PPC合约和配置合理的预算资源。这五个步骤是以执行工作的实际操作顺序来展开的。

一）规划战略"硬仗"——第二次世界大战的转折点斯大林格勒战役

斯大林格勒战役，又称斯大林格勒保卫战，是第二次世界大战中苏联伟大卫国战争的主要转折点，也是人类历史上最为血腥和规模最大的战役之一，参战方为苏联和纳粹德国。这次会战从1942年7月17日开始，到1943年2月2日结束，历时6个多月。此战役因参战双方伤亡惨重及对平民牺牲的漠视而成为人类战争史上的著名战役。

一般认为，该次战役包括下述几部分：纳粹德军对苏联南部城市斯大林格勒（旧称"察里津"，现称"伏尔加格勒"）的大规模轰炸行动；纳粹德军攻入市区；双方在市区巷战；苏联红军合围；最终全歼纳粹德军及轴心国盟军。

斯大林格勒战役是纳粹德国遭遇的战略范围最严重的失败，不仅终结了德国南方集群自1941年以来保持的攻势局面，而且直接造成了苏联与德国总体力量对比的根本变化。

1. 战略"硬仗"的特征

在年度计划和中长期发展规划中，必须把握一些重要的业务节点，或者说结果性、目标性节点，这些关键结果的节点可以称为"战略里程碑"。有了这些战略里程碑，企业在整个周期之内，就会有不同阶段的"小目标，小战役"。这些小目标可以让企业跨越一个又一个战略里程碑，

"积小胜为大胜",也能让企业团队不断积累信心和经验。

那么战略里程碑一般都具有哪些特征?很多伙伴看军事题材的影视剧经常会听到说"这可是一场硬仗",一般来说这场"硬仗"一定不好打,但是打好了一定会有非同凡响的意义。

放到企业经营层面,对"硬仗"的理解可以是:在接下来的1~3年中,在高管团队的带领下,集全公司之力一定要完成的最重要的几件事情,这几件事情也被称为"硬仗"。它通常具备如下特征。

(1)有影响力。它对企业完成中长期战略目标有里程碑作用。战略里程碑是战略执行的关键点,是实现战略方针、目标的关键节点,抓住了战略里程碑,就意味着企业战略执行取得阶段性成功。

(2)部门跨度大。需要各部门协同作战才能完成。战略执行要求所有员工都参与,因此各个部门、各个员工都有分工,协同作战,完成各自既定目标。

(3)目标令人兴奋,是真正的挑战,能激发能量。想一想,如果企业的战略目标不能令人兴奋,那么这个战略执行起来就无法激发员工的行动力,那么它所取得的效果就会大打折扣。战略目标需要让人兴奋,能让所有人觉得值得去挑战,那所有员工就能以很高的激情去打这场"硬仗"。

(4)具体而明确,有时效性。必须要有量化的标准和时效性,否则只是空有口号,只能像无头苍蝇一样乱撞。什么是量化的标准?比如,团队在100天内要完成多少业绩,为完成这个业绩,团队需要做什么,做这件事又需要分解成怎么样的执行动作。一步步明确地量化目标并限制时间,就能清晰地知道如何打这场硬仗。

(5)是能胜之仗。如果这场"硬仗"不能打赢,那么它对企业来说,不是胜利的里程碑，而是沉重打击士气的转折点。因此，对于这场"硬仗"，必须要打赢。

2. 设立战略里程碑的目的

实现企业的战略目标好比跑一场马拉松，必须具备非常顽强的意志力才能够坚持到终点。企业家或许具有这样的毅力，但他的跟随者却未必。因此很多企业在实现战略目标的漫长征途中，由于看不到目的地而导致意志动摇直至最终放弃。

设立战略里程碑的目的，就像是把一场马拉松分成若干个400米，在每个400米的终点都设置一个里程碑，让员工能够拥有一个短期的、比较容易实现的目标，通过目标的不断实现增强员工的信心和动力，最终使大多数员工都能够坚持跑完整场"马拉松"。

设立战略里程碑的另一个目的是通过一段时间内的战略执行结果对战略执行效果进行检验，以便及时对战略行动路线进行修订。

3. 如何描述战略"硬仗"

从执行层面，需要把这些"硬仗"描述出来，落到纸面上，落到可执行、可监控的程度。笔者给出的"硬仗模板"一共有四方面内容：确定战略重点，描述战略重点，描绘成功的场景及衡量标准，分析有利因素及阻碍因素。

1）确定战略重点

战略重点是指具有决定性意义的战略任务。为了达到战略目标，必须明确战略重点。随着战略行动的逐步推进，战略重点呈现阶段性特征，必须注意及时调整。战略重点通常包含两方面的含义：战略优势和战略劣势。

战略优势是指企业在较长时期内，在关系全局经营成败方面拥有强大的实力、丰富的资源和优势地位，它是企业在激烈的竞争中取胜的法宝，如技术优势、产品优势、质量优势、价格优势、营销优势等。企业要努力保持和增强战略优势，形成良性循环。

企业应该力求建立和发展多种战略优势，形成完备的战略优势系统。战略优势系统是企业的各种战略优势紧密联系有机结合的整体。战略优势系统在企业的竞争取胜中发挥具体作用。

战略劣势是指企业在实现战略目标中难免出现的薄弱环节。企业需要在资金、人力、物资、技术和管理等方面采取切实有效的措施解决战略劣势，达到综合平衡，使劣势逐渐转化，这种称为战略对策。战略对策是指为实现企业战略目标而采取的重大举措，它包括从属于企业战略的企业生产经营活动的各种方针、策略和措施等。战略对策要做到有针对性、可操作性强，真正落到实处。

某企业202×年的战略重点模板如表4-1所示。

表4-1　某企业202X年的战略重点模板

序号	202×年战略重点	组长	副组长	组员	工作完成时间
1					
2					
3					
4					
5					
6					
7					
8					

首先，需要列出战略重点的内容；战略重点的内容必须可行性高，有成效，有价值，必要性强，明确、具体、可分解，能鼓舞士气。然后，就

每项战略重点成立一个工作小组或者项目小组。这个小组里面有明确的分工，组长、副组长、组员都有确定的人选。最后，对每项战略重点的完成时间有清晰的规划。

2）描述战略重点

先说一个故事。耶稣带着他的门徒彼得远行，途中发现一块破烂的马蹄铁，耶稣希望彼得捡起来，不料彼得懒得弯腰，假装没听见。耶稣自己弯腰捡起马蹄铁，用它在铁匠那儿换来3文钱，并用这些钱买了十几颗樱桃。出了城，两人继续前进，经过茫茫荒野，耶稣猜到彼得渴得厉害，就悄悄地把藏在袖子里的樱桃丢出一颗，彼得一见，赶紧捡起来吃。耶稣边走边丢，彼得狼狈地弯了十多次腰。于是耶稣笑着对他说："要是按我想的做，你只需弯一次腰，我也不用一次又一次地扔樱桃，你也就不会在后来没完没了地弯腰。"

这个寓言很有意思，它反映出这样一个问题：在企业中，领导所想的和员工所想的，往往不能得到有效统一。

战略执行太差的主要原因之一就是员工对战略缺乏了解。如果员工不了解战略，就不能指望他们努力实现战略。提升员工的战略意识，是成功企业区别于失败企业的关键。在战略执行的过程中，沟通尤为重要，尤其是一线员工去执行战略的时候。战略制定者和执行者的背景、对于问题思考的角度、对同一个问题的感受和理解都有差异，如果不能通过有效的沟通来消除差异，那么战略的成功就只能是一种空想。如果员工对战略的理解不到位，那么就会出现战略执行失误的状况，最终导致战略失败。从管理上来讲，向员工描述战略重点的过程，也是一个共享目标和建立互信的过程。

描述战略重点模板如表4-2所示。

表 4-2　描述战略重点模板

战略重点（向一线员工描述）		
为什么？	是什么？	不是什么？

因此，要打好、打赢"硬仗"，企业每一个员工必须明确知道为什么要打这场"硬仗"，打的这场"仗"到底是什么"仗"。只有弄清楚这些问题，员工才有可能在执行过程中向同一个目标努力。

3）描绘成功的场景及衡量标准

合适的激励机制对推动战略执行和取得预期的经营业绩是非常重要的。每个人都渴望成功，但是如果看不清成功后的场景，就很难激发人们内心的动力和激情。

很多军事题材影视剧里有战前动员的场景，政委跟战士们讲，大家都好好打仗，等赶跑了敌人，大家都能回家安安稳稳地过日子，盖个小房子，种上几亩田，养上几头牛，日子过得美美的。士兵们听了士气高涨，对打赢之后的生活充满了向往。

以鼓舞人心的形式描述愿景，使员工认为他在做一些非常有价值的事情，这种鼓舞人心的描述通常具有巨大的力量。一些医药企业的愿景就是帮助患者好转、还患者一个完整的人生，这种实现高尚愿景的工作使员工非常兴奋和热情。这就是在描绘成功后的生活场景，并且还给出了相对具体的衡量标准。

表4-3是描绘成功的场景及衡量标准模板。

表 4-3 描绘成功的场景及衡量标准模板

战略重点（向一线员工描述）
成功场景描述
衡量标准

因此，战略管理者需要向企业所有员工描述战略执行成功后的收获和回报，做出承诺，才能更好地激发执行人员的积极性。

4）分析有利因素及阻碍因素

"打仗"需要一个头脑清醒的指挥官，善于充分阅读所有情报，分析有利和阻碍因素，然后做出最优的战术选择。表4-4是分析有利因素及阻碍因素模板。

表 4-4 分析有利因素及阻碍因素模板

战略重点（向一线员工描述）	
有利因素	阻碍因素

这个环节有助于企业开展"倒带"思考：这究竟是不是企业最重要的"硬仗"？如果阻碍因素不多，随便就能成功，是不是就不需要那么多重

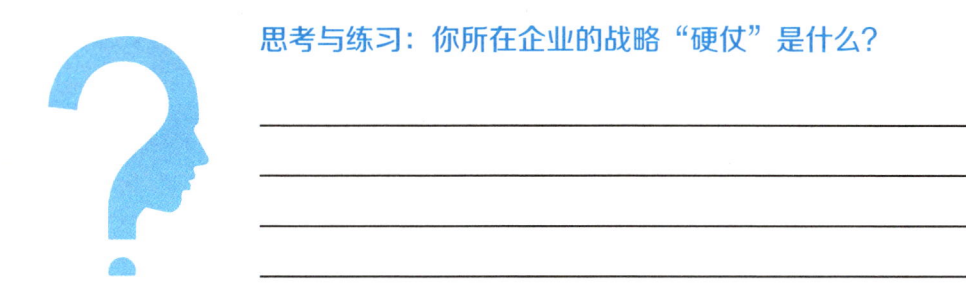

要管理者参与？而这也许不属于真正的"硬仗"。

思考与练习：你所在企业的战略"硬仗"是什么？

_____
_____
_____
_____

二）制定OGSM策略方向——不是KPI，不只OKR

企业近几年很推崇OKR，着迷于执行OKR的目标，发现这是一个以团队沟通为主的执行表格，更棒的是，这不用和KPI挂钩。

1. 关于OKR工具的疑问

笔者读完市面上大部分关于OKR的书籍后，产生了一个疑问：我不知道如何使用这个工具？造成此疑问的原因如下。

（1）OKR的思路转折交代不清。OKR没有将重要思路转折写出来，由O（Objective，目标）直接跳到KR（Key Results，关键结果），这种跳跃式解说让没有用过这个工具的人觉得不连贯。

（2）OKR缺乏操作示范。虽然书中的大量的概念及思维把工具背景和想法说得清楚，但很少有连贯性的示范及解说，即使读者使用书中提供的工具，也难以实际练习。

（3）OKR无法贯穿执行。因为OKR只有两层（O和KR），关于如何将书中所提到的执行力往下发展到第三层，令人不解。举例来说，某企业老板觉得OKR很棒，决定让企业中高层管理者使用OKR，基层员工还是沿用KPI。这导致中高层管理者不仅要填OKR，还要处理下级员工的KPI，并且不知道如何串联OKR和KPI的评分。中高层管理者处于模糊状态，不能回答下级员工的疑问。如此一来，执行OKR反而导致企业产生在沟通不畅的问题。

（4）不知如何修改OKR。知道要写O，但不确定KR写得到底对不对。这个表格看起来逻辑不通畅，思路跳跃。另外，填写这个表格是要用Excel，还是Word，或者要额外买软件？如果买了新软件，如何打通目前的绩效考核表和其他工作表？

2. OGSM工具对比分析

相比模糊的OKR，企业可以用OGSM工具（一页计划表），这是能更好执行的简易工具法。OGSM工具源于彼得·德鲁克的《目标管理》，指在企业愿景下，透过"目标""指标"将理想转化为可以被执行的具体行为。

在战略执行环节，相比KPI、OKR，使用OGSM工具会更合适。使用OGSM工具来制定策略方向，可以把企业不同层级的目标关联起来，形成图4-2所示的结构。

企业不同层级的OGSM关联结构具有以下特点。

- 每个层级的目标都是由目的（Objective）、目标（Goal）、策略（Strategy）、衡量指标（Measure）四部分组成。

- 上一层级的（某些或全部）策略就是下一层级的目的，上一层级的（某些或全部）衡量指标就是下一层级的目标。

- 所有的目标从企业层面一直分解并落实到个人层面。

- 每个层级的目标具有很强的联系性和支撑性。

3. OGSM工具使用案例

笔者在咨询、培训过程中，经常用图4-3所示的第二次世界大战案例，直观地表达如何使用OGSM工具。

第四章 战略执行 147

LEVEL 1 – 企业层面的目标

Objective	Goal	Strategy	Measure
企业使命	总体经营目标	总体经营策略	总体衡量指标

LEVEL 2 – 部门/团队层面的目标

Objective	Goal	Strategy	Measure
以实现总体经营策略为目的	以完成总体衡量指标为目标	部门/团队层面的执行策略	部门/团队层面的衡量指标

LEVEL 3 – 个人层面的目标

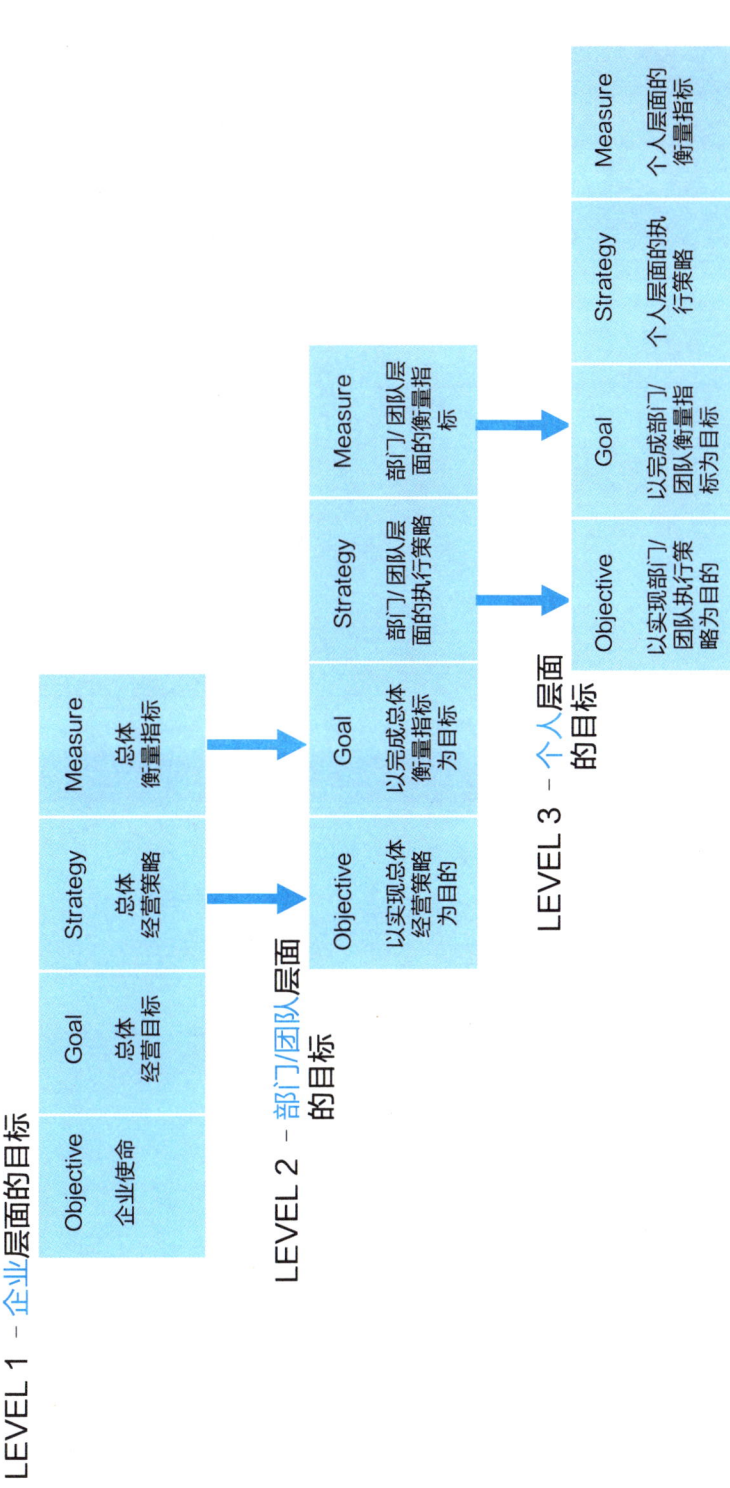

Objective	Goal	Strategy	Measure
以实现部门/团队执行策略为目的	以完成部门/团队衡量指标为目标	个人层面的执行策略	个人层面的衡量指标

图4-2　企业不同层级目标的OGSM关联图

LEVEL 1 – 同盟国领导者的策略

Objective	Goal	Strategy	Measure
实现世界和平	在1946年实现第二次世界大战胜利	首先在欧洲战场取得胜利	1944年前建立盟军诺曼底军事基地

LEVEL 2 – 盟军总部的策略

Objective	Goal	Strategy	Measure
首先在欧洲战场取得胜利	1944年前建立盟军诺曼底军事基地	1.掩饰真正目的 2.发动北非战役 3.令希特勒忙于苏联的战争 4.形成欧洲战场目前的稳定结论	1.在1944年2月命令巴顿布置虚假兵力 2.在3月底100万盟军在英国集结 3.从1月起增援苏联300架飞机 4.于3月在太平洋战区建立新战争群

LEVEL 3 – 巴顿的策略

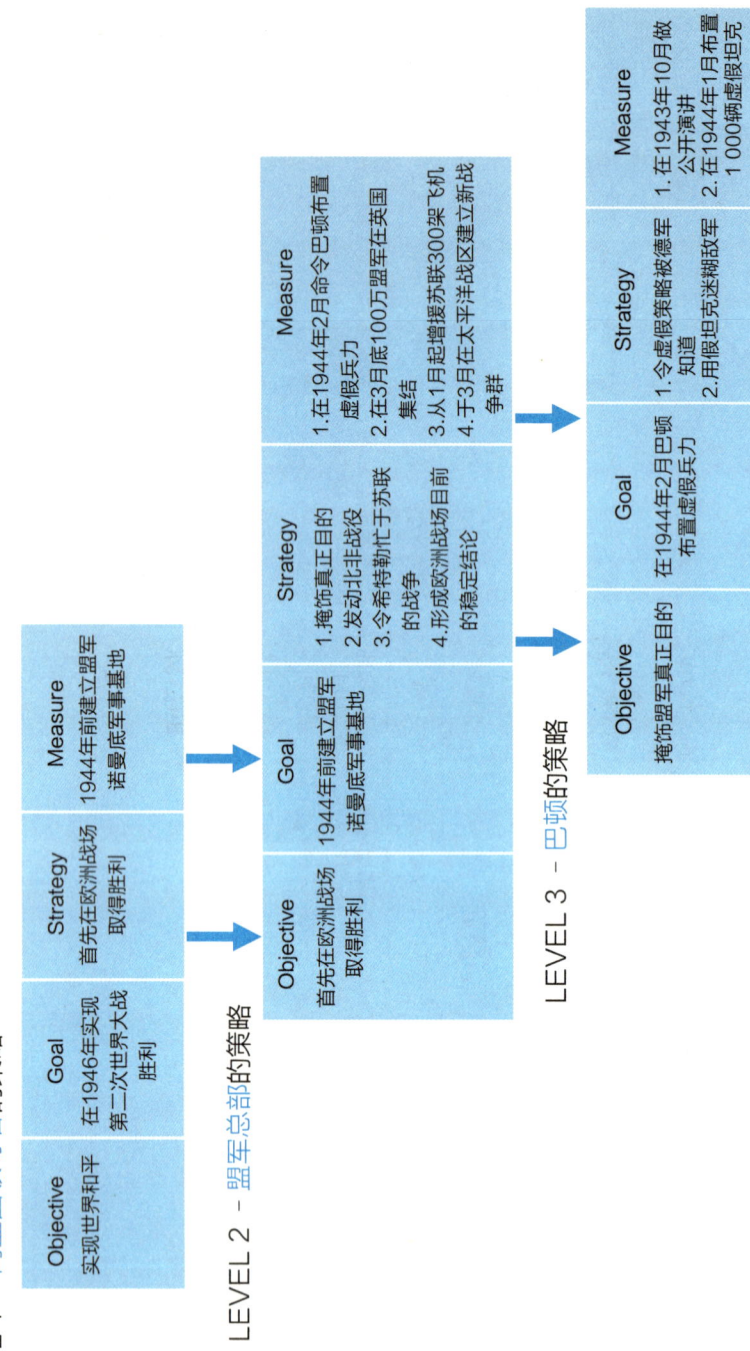

Objective	Goal	Strategy	Measure
掩饰盟军真正目的	在1944年2月巴顿布置虚假兵力	1.令虚假策略被德军知道 2.用假坦克迷糊敌军	1.在1943年10月底做公开演讲 2.在1944年1月布置1 000辆虚假坦克

图4-3 OGSM工具使用案例

从图4-3中可以看出，同盟国领导者的目的是实现世界和平，在1946年取得第二次世界大战胜利的目标被层层分解落实到相关的团队、人员，并且有相应的实现策略予以支持，使每个层级的人员都清楚自己应该做什么，同时利用过程指标衡量目标达成情况。

OKR工具和OGSM工具的对比如表4-5所示。

表4-5　OKR工具与OGSM工具的对比

OKR 工具	对比项	OGSM 工具
数字管理，追求达标	思维	以理想引导员工，迈向企业理想
以目标及关键结构，展现执行力	执行	以具体目标、策略、指标、行动计划展现执行力
提供两个执行层面，也就是两层贯穿力	贯穿	上一次的策略、衡量指标成为下一层的目的、目标，执行力往下穿透，远超两层
对达到关键结果的资源缺乏讨论	资源	以策略提供员工达标所需的资源
强调全员互相沟通	沟通	强调全员互相沟通
修改两层	修改	修改两层以上
不建议与 KPI 并存	与 KPI 关系	不建议与 KPI 并存

从上述对比来看，在战略执行这件事情上，用好OGSM工具制定策略方向，能更好地支撑战略"硬仗"。

思考与练习：使用OGSM工具，为战略"硬仗"制定各层级策略。

_____
_____
_____

三）分解形成落地行动计划——人人都习惯用手机导航

笔者十年前给国内著名的车辆导航仪生产企业提供服务时，当时车辆导航仪行业处于快速发展阶段，车载用的高德地图还需要定期去店内更新，行业潜在的最大竞争者却是手机。手机导航软件不仅更新快，还非常便捷，极大地方便了每一位用户，需要到哪里去，手机可以迅速查到目的地。

1. 行动计划的层层分解

在企业的战略目标确定后，行动计划就好比"导航仪"，每一层级都需要对应的计划，而这是一个层层分解的过程。

行动计划层层分解如图4-4所示。

从企业的整体发展战略，分解形成不同的战略主题，然后分解为公司级行动计划、部门级行动计划、项目级行动计划。

2. 不同层级行动计划的关注重点

不同层级的行动计划的内容重点是不同的。

（1）公司级行动计划更关注协同。在公司级行动计划里，要多思考目标协同、资源协同、人员协同、政策协同的问题。因为公司级行动计划强调多个部门的协同作战，对组织协作的要求非常高。

（2）部门级行动计划更关注提升。在部门级行动计划里，需要思考目标达成、管理提升、人员提升、资源效率提升的问题。因为部门级行动计划更强调该部门战斗能力的提升，这是保障部门目标达成的基础。

（3）项目级行动计划更强调效率。在项目级行动计划里，要思考如何高效地、多快好省地执行已制订的计划，这涉及目标达成、工作效率、人员效率、成本费用控制等问题。

发展战略

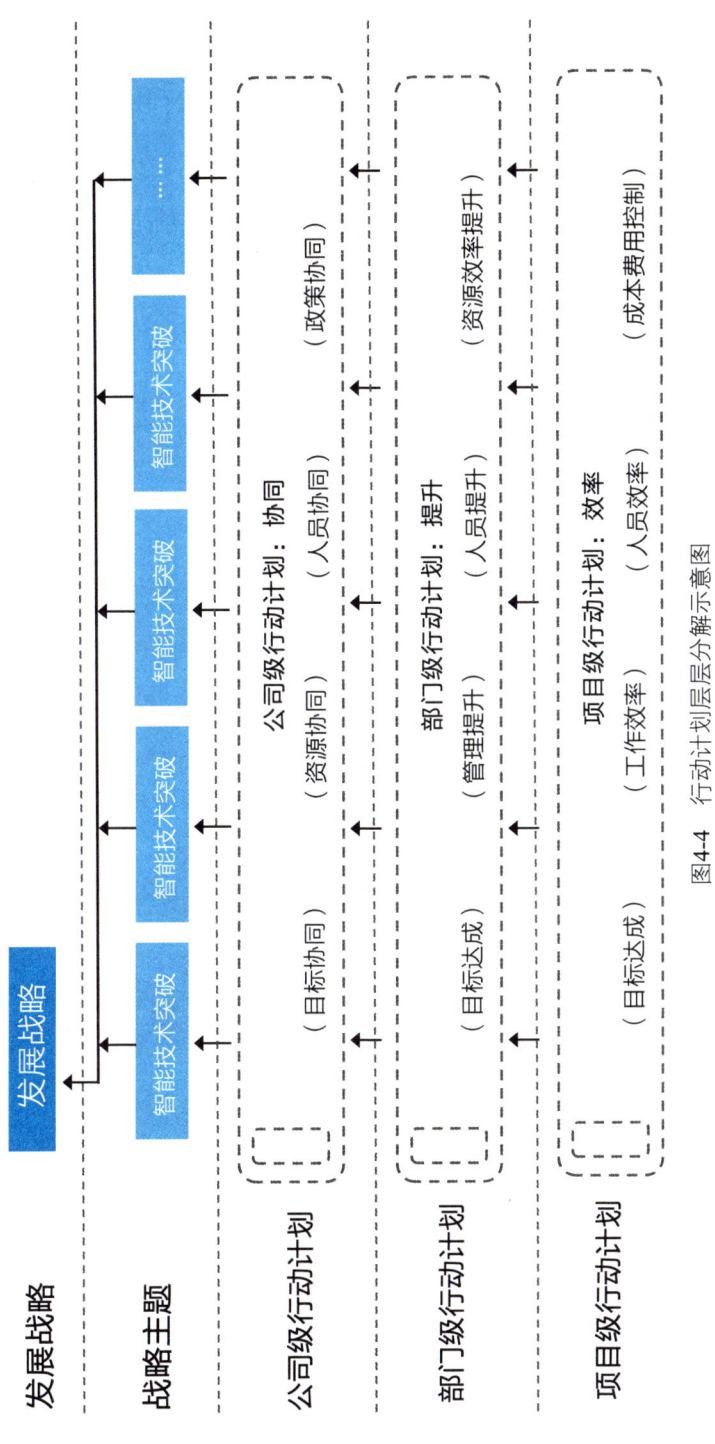

战略主题
- 智能技术突破
- 智能技术突破
- 智能技术突破
- 智能技术突破
- 智能技术突破
- ……

公司级行动计划：协同
（目标协同）（资源协同）（管理提升）（人员协同）（政策协同）

部门级行动计划：提升
（目标达成）（管理提升）（人员提升）（资源效率提升）

项目级行动计划：效率
（目标达成）（工作效率）（人员效率）（成本费用控制）

图4-4　行动计划层层分解示意图

3. 行动计划的考核指标设计

人们不会做你希望的事，人们只会做你监督和检查的事。

任何一项行动计划，要想执行到位、落到实处，必须匹配相应的考核机制。

如何将企业总体的战略目标分解形成各部门、各员工的绩效目标，从而实现企业总体的战略目标呢？通常来说，有三种比较常见的绩效指标分解方法。

1）目标—职能职责对接法

目标—职能职责对接法是一种直接的、有效的目标分解方法。目标—职能职责对接法将企业总体的战略目标和战略重点按各部门的职能职责直接分派给各部门。比如，企业可以按照平衡计分卡的思路，制定出财务、客户、内部流程、学习与成长四个层面的战略目标，然后根据各部门职能职责分派给各部门。

目标—职能职责对接法的优点在于，企业各部门对企业总体的战略目标和战略重点的责任和贡献，能通过目标—职能职责分配表清晰地展现。

2）价值树分解法

价值树分解法源于杜邦财务分析模型，常用于企业财务指标的分解。价值树分解法以净资产收益率为基点，将若干个评价企业经营效率和财务状况的财务指标按其内在联系有机地结合起来，形成一个完整的考核指标体系，然后再将各指标按各部门的职能职责分配给各部门。

3）关键成功要素法

关键成功要素法是寻找驱动战略目标成功的要素的方法。关键成功要素通常通过头脑风暴法和专家讨论法确定，然后根据关键成功要素提炼考核指标。

利用关键成功要素法来分解绩效指标要求企业战略管理者对业务非常熟悉，因为关键成功要素提炼是否到位是战略目标能否达成的基础。

4. 绩效考核指标的提炼—QQTC模型

很多企业管理者反馈其已经根据战略目标、战略重点做了非常具体的行动计划，也针对每项行动计划设计了相应的绩效考核指标。但是发现了一个问题，就是这些绩效考核指标非常复杂，执行起来很困难。有没有相对简洁、高效、好用的绩效考核指标，可以提高绩效考核的效率呢？

根据笔者的研究，很多绩效考核指标之所以没有办法执行到位，关键原因是没有量化，很多的指标都是定性化描述。

如何将那些复杂的、定性描述的、难以执行的绩效考核指标提炼、梳理形成简单的、定量的、易于执行的指标呢？

笔者推荐使用QQTC模型做绩效考核指标的提炼。

在将关键成功要素转化为绩效考核指标时，可以从质量（Quality）、数量（Quantity）、时间（Time）、成本（Cost）四个维度进行绩效考核指标的提炼，即QQTC模型。QQTC模型是管理学中比较成熟的一种指标设计方法，也是一种相对可量化、可操作的较简单的办法。

每一个维度都有非常明确的、可衡量的数字要求。比如，数量维度要求企业制定的绩效考核指标必须出现个数、时数、次数、人数、项数、额度这样的表达。质量维度的指标必须用比率、评估结果、及时性、满意度、准确性、达成率、完成情况、合格率、周转次数这样的表达。

5. 绩效考核工具的选择使用

在上述绩效考核指标分解的基础上，实际工作中需要用到相应的绩效考核工具。市面上的绩效考核工具有很多，比如KPI、平衡记分卡等，有很多企业都在使用KPI工具。笔者认为，需要根据企业的发展阶段，选择使用相应的绩效考核工具。

（1）在企业起步期，组织比较初级，以个人能力为主导，组织的职能较为分散，此时KPI工具比较适用。

（2）在企业增长期，权力比较分散，以事业部为主导，此时比较适用的绩效工具是平衡计分卡。

（3）企业发展到了成熟期后，集团领导权力集中，需要创造新秩序，整合资源，以矩阵为主导，此时EVA工具较为适用。

（4）企业进入衰退期，失去获利能力，需要重组创新，此时需要优化组织结构，建立创新体制。

同时，在不同的发展阶段，企业的产品市场也会呈现不同的形态，从单一走向多元，再走向国际化。

所以大家能看到，行动计划的落地需要做好严格的绩效考核，绩效考核并不是一刀切地用KPI就可以。KPI并不是万能的，适用的才是最好的。

6. 落地行动计划的模板示例

在实际制定落地行动计划工作时，可以将上述提到的层层分解、关注重点、绩效考核指标设计提炼、考核工具选择几项内容综合应用起来，形成相对完整的计划，利于更加完整地、规范地管理落地执行工作。

关于行动计划完整版的参考工具模板见表4-6。

表 4-6　行动计划完整版的参考工具模板

战略重点：									
序号	目的	行动	子行动	完成时间	完成标志（里程碑）	责任人	支持人	衡量标准	需要的资源和支持
1									
2									
3									
4									

原则上，每一项战略重点都应该有这样一个模板。它包含了目的、行动、子行动、完成时间、完成标志（里程碑）、责任人、支持人、衡量标准及需要的资源和支持。

通过这个模板，企业可以清晰地知道战略重点的执行方向，做好战略执行管理。

7. 实战案例

表4-7是笔者参与的某企业人力资源战略规划及人力资源管理规则的一部分，供参考。

表 4-7 某企业人力资源战略规划及人力资源管理规则案例

战略重点：形成集团人力资源战略规划及人力资源管理规则

序号	目的	行动	子行动	完成时间	完成标志（里程碑）	责任人	支持人	衡量标准	需要的资源和支持
1	从人力上保证中国区未来三年战略目标实现	建立中国区三年人力资源战略规划	梳理组织架构图及岗位职责	2017年12月	清晰的中国区组织架构（包括汇报及管理关系）及中层以上的岗位说明书	Feli	吴总	人力资源发展规划白皮书	公司总体战略出台
			梳理未来三年的人才需求	2018年3月	三年的人才需求数量及画像	Sunny	各 BU HR		
2	满足18年人才供应	引进及储备关键岗位及中高层人才	现有人才盘点	2018年6月	人才清单	Sunny	各 BU HR	出台人才清单和需求表	待定
			人才储备计划	2018年9月	分阶段分层级的计划清单（包括继任者需求）	Sunny	各 BU HR		

续表

战略重点：形成集团人力资源战略规划及人力资源管理规则

序号	目的	行动	子行动	完成时间	完成标志（里程碑）	责任人	支持人	衡量标准	需要的资源和支持
3	明确员工学习发展目标	构建培训晋升体系	建立初、中、高级通用课程体系	2018年3月	分阶段分层级的计划清单（包括继任者需求）	John	柳絮	学习地图、通道表、课程	待定
			开发初级课程	2018年12月	新开发30门课程				
			建立双通道的学习地图与晋升路径	2018年6月	学习地图和晋升路径描述清楚				
4	保证目标实现，做到人人有责	做实中高层考核激励（包括各BU高管）	签订中高层PPC合约	2018年1月	分级签署完成	Coo	BU Head	签署版合约	待定
			建立与PPC相连接的绩效评估机制	2018年3月	出台评估方案	Coo	BU Head	制度出台	

思考与练习：你所在企业的战略执行层面的落地行动计划是什么？

_____
_____
_____

四）签订结果承诺PPC合约——军令状与仪式感

在古代战前会议上，领任务的将领通常会讲："愿立军令状！"

那么军令状是怎么使用的呢？

打仗之前，接受作战任务的将领，向军事统帅立下军令状文书，白纸黑字，签字画押。军令状的内容大概就是承诺实现什么目标，完成任务申请什么奖励，未完成任务接受什么惩罚。

军令状一般留在军营保存。

打仗结束后，将领回营复命。取出军令状，军事统帅拿着军令状，陈述作战情况、作战成果，然后依据军令状，履行奖励或惩罚。

从这样一个过程中，我们能理解到，作战前签署军令状表达了一种对结果的承诺，作战后需要对比战况战果和军令状内容，核实情况，履行承诺。

回到企业管理的场景中，"军令状"就是在领取任务前对"硬仗"的承诺，完成任务后检核、履行承诺的过程。

PPC（Personal Performance Commits）的中文译名为个人业绩承诺或个人事业合同，是IBM公司发起的以战略目标和经营目标为基础而层层分解目标和工作的考核方式，其本质是一种围绕业务进行的考核管理工具，也称PPC合约。

在做战略执行时，同样需要设计这样的对"硬仗"的承诺，这既是一种军令状，也是一种仪式感。

1. PPC合约的类型

PPC合约是绩效管理的重要表现形式，一般来说分为结果绩效承诺和过程绩效承诺。

结果绩效承诺一般指的是部门或个人在考核期内所要达成的绩效结果目标，以支持部门或个人或项目组总目标的实现。对于结果绩效承诺，一般应该有明确的衡量指标，说明做到什么程度或何时做完。这是考核周期结束时用来衡量绩效是否达成的主要依据。

过程绩效承诺一般指的是被考核单位和考核者对完成目标的方法及执行措施达成共识，并将执行措施作为考核的重要部分，以确保结果目标的最终达成。由于这是一种过程性的描述，不一定都有明确的衡量指标，在进行评估时主要看员工是否按照规范去做。

2. PPC合约与KPI的不同点

可能有的读者会问，PPC合约是一种绩效管理的工具，那么它跟另一种绩效管理工具KPI有什么不同呢？

从绩效考核指标的类型上来看，企业对个人的绩效考核指标可以分为三类：数量型指标、任务型指标、行为类指标。其中，行为类指标又可称作素质类指标，一般适用于对员工能力和态度的评价。真正用来做业绩考核的，还是数量型指标和任务型指标。

PPC合约仅仅是针对个人绩效的合约，同时承载数量型指标和任务型指标。数量型指标一般展现的就是KPI（关键业绩指标），任务型指标主要展现个人的行动计划，对业绩指标达成起到支撑作用。

PPC合约与KPI的对比如表4-8所示。

表4-8　PPC 合约与 KPI 的对比

PPC 合约	KPI
完整的系统	系统的一部分
注重过程的管理	阶段性的总结
具有前瞻性	回顾阶段性结果
有完善的计划、监督和控制的方法	提取绩效信息的一个手段
注重能力培养	只注重结果
建立管理者与员工之间的绩效合作伙伴关系	使管理者与员工站到对立面
赏善	惩恶

PPC合约与其他绩效管理工具一样，有着PDCA闭环（制定个人绩效承诺—进行绩效辅导—实施绩效评估—绩效回顾与结果应用），是以承诺为核心的绩效管理循环，正如我们上文提到古代军令状的使用过程一样。它强调的重点是上下级在闭环中保持沟通与交流，通过沟通达成一致，在这点上与KPI绩效考核有较大区别。

3. PPC合约的撰写

不管是采用哪种PPC合约，主要目的都是让上下级就结果目标达成所需要的关键措施进行认真分析，做到心中有数。

PPC合约涉及多个层级，并不只是员工层级的个体行为，企业的各事业部、各职能部门，都需要思考撰写自己的PPC合约。

PPC合约参考格式如表4-9所示。

表 4-9 PPC 合约参考格式

考核领域	指标类型	序号	KPI评价标准（请列出五等级标准）	权重(%)（不得少于5%）	数据提供部门	期中检视（说明达成情况）	受评者期末自我评核		上级领导期末评核（0~5分）	备注
							达成情况	自我评核给分		
结果绩效（80%）	开源类指标		卓越 /5分： 优良 /4分： 合格 /3分： 待改进 /2分： 不合格 /1分：							
			卓越 /5分： 优良 /4分： 合格 /3分： 待改进 /2分： 不合格 /1分：							
			卓越 /5分： 优良 /4分： 合格 /3分： 待改进 /2分： 不合格 /1分：							
	节源类指标		卓越 /5分： 优良 /4分： 合格 /3分： 待改进 /2分： 不合格 /1分：							

续表

考核领域	指标类型	序号	KPI评价标准（请列出五等级标准）	权重（%）（不得少于5%）	数据提供部门	期中检视（说明达成情况）	受评者期末自我评核		上级领导期末评核（0~5分）	备注
							达成情况	自我评核给分		
结果绩效（80%）	节源类指标		卓越/5分： 优良/4分： 合格/3分： 待改进/2分： 不合格/1分：							
			卓越/5分： 优良/4分： 合格/3分： 待改进/2分： 不合格/1分：							
过程绩效（20%）	管理类指标		卓越/5分： 优良/4分： 合格/3分： 待改进/2分： 不合格/1分：							
	文化类指标		卓越/5分： 优良/4分： 合格/3分： 待改进/2分： 不合格/1分：							
合计										

绩效承诺（考核目标）可以分为结果绩效（权重80%）和过程绩效（权重20%）两个大的方面。结果绩效更多是开源类和节流类指标，过程绩效更多是管理类和文化类指标。

在填写表4-9的时候，要写清楚KPI的具体指标以及五级目标值，各指标所占权重分配和数据来源。重点关注五级目标值，此处用卓越、优良、合格、待改进、不合格五个等级标准，分别给出不同的考核分数，这样做能相对准确地判断该项结果目标的达成到底在什么水平，绩效分数也更加科学。

在使用表4-9时，需要注意以下四点。

（1）部门指标数量控制在5~7个，每项权重设置在5%~30%。

（2）指标衡量标准要量化，请根据QQTC原则（数量、质量、时间、成本等维度）设置。

（3）年度绩效考核指标要分管领导确认、考核委批准后执行，每年1月5日明确上半年度考核指标，经分管领导批准后执行。

（4）每年7月10日和次年1月10日完成实际达成情况填写，长假顺延，如未完成，绩效工资为0。

4. PPC合约的推动落地策略

经过企业实践，可以通过以下策略推动PPC合约。

（1）借力打力，引入外部专业咨询机构与专家。这是因为中国大部分人相信权威，并且可以保障PPC合约一开始就是科学的、系统的。

（2）影响企业的董事长或者总裁，让其系统地了解PPC合约及其作用。PPC合约的引入与建立一定是自上而下的，因为其涉及战略制定与执行，要让决策者知道它是什么东西，可以解决什么问题，会出现什么问题。

（3）建立领导组织，成立公司PPC合约领导小组。这点也是非常重要的，可以避免改革导致的个人与个人的矛盾对立。

（4）集中培训，统一理念与认识，让管理层在同一频道上进行沟通。实施PPC合约的实践中，一些高层管理者对战略地图等是没有什么概念的，甚至有人会讲出外行话，比如，为什么不将运营放在战略地图的最上面，等等。

通过权威老师、专家的统一培训，管理层会对一些基本概念与体系形成统一的认识，从而解决因为沟通理解不一致而导致的难以推动的问题。统一培训的沟通效果最佳且效率最高，外部专家培训完后，企业还需要将培训知识内化，进行各层级的培训，让所有员工都形成认识。

（5）试点推广。先在企业总部、总监级以上管理层推广，再逐步推广到区域、分店以及中基层岗位。试点可以减少全部推广的压力，通过试点推广，总结经验，优化调试，逐步推广，成功的概率更高，实施更稳固。

（6）宣传推广，让绩效优秀的干部现身说法，在内刊及各种渠道上进行宣传。这也非常重要，就是将通过这个体系实施而涌现的一些感人事迹、绩效卓越的员工，通过企业文化约稿与采访，在微信群与各种渠道进行宣传，真实亲切，宣传效果非常好，能营造出主流的、上进的氛围。

（7）制订项目推动实施计划。凡事预则立，先谋而后动，就是规划如何去实施，也可以让最高决策者知道要进行哪些步骤，以及取得什么效果，而不会造成信息的不对称。

5. PPC合约履行情况考核

对PPC合约履行情况的考核，是根据员工自评、上级直属领导评价以及关键时间的记录来对员工进行综合评价，结合PPC合约和实际执行情况的对比，做出基本测评。同时应用360度测评方法，搜集客户、同事、下级对员工的评价，作为绩效参考。另外，高级主管面谈、员工意见调查以及门户开放政策也会作为参考。

关于PPC合约履行情况的考核结果出炉之后，直属领导会根据员工的考评结果对员工进行绩效面谈，对上一年的表现进行回顾，找出做得比较好和不好的点，用记录下的关键事件与员工进行核对，用事实说话。同时聆听员工内心的想法，给予员工充分的解释机会并一起探讨找到解决办法，这也能够让员工更清楚自身目标的达成情况，从而更好地理解和消化绩效考核的过程和结果。

对PPC合约履行情况的考核不仅是在年末的时候进行，而且在执行过程中进行持续反馈及指导。

对PPC合约履行情况的考核结果对员工来说非常重要，涉及薪酬、奖金及晋升。

思考与练习：尝试在你所在企业建立PPC合约制度，并制定推动落地办法。

_____

_____

_____

五）配置合理的预算资源——兵马未动，粮草先算

彼得·德鲁克曾说过"战略管理是分析式思维，是对资源的有效配置"。

配置合理的预算资源，是战略执行中的重要组成部分。对企业经营的长期计划而言，企业要做出财务预测，也就是要估算一下未来的融资需

求。然后聚焦到中期或短期计划，就需要相对比较明确的全面预算，如迫在眉睫的下个年度的预算计划。通常所说的全面预算，大多是1年期以内的短期计划。

1. 企业预算编制流程

从顶层设计来看，首先要了解企业全面预算的概念。

全面预算是指企业以发展战略为导向，在对未来经营环境预测的基础上，确定预算期内经营管理目标，逐层分解、下达给企业内部各个经济单位，并以价值形式反映企业生产经营和财务活动的计划安排。

企业的全面预算是一项极为复杂的综合性企业运营管理计划和系统工程。全面预算按其涉及的业务活动领域分为投资预算（如资本预算）、营业预算（或称经营预算，包括销售预算、生产预算、成本预算等）和财务预算（包括利润表预算、现金预算和资产负债表预算等）。

营业预算能够对企业会计期间内的资产、负债、权益的波动情况，以及企业收入、费用和利润的年度变化做出预期，做到防患于未然。

企业要想获得进一步的发展，就需要进行对外投资，投资预算为企业的投资行为服务，通过测算项目投资的成本和收益情况，进一步降低对外投资的风险。

通过图4-5展示的案例可以更加直观地了解企业的预算编制流程。

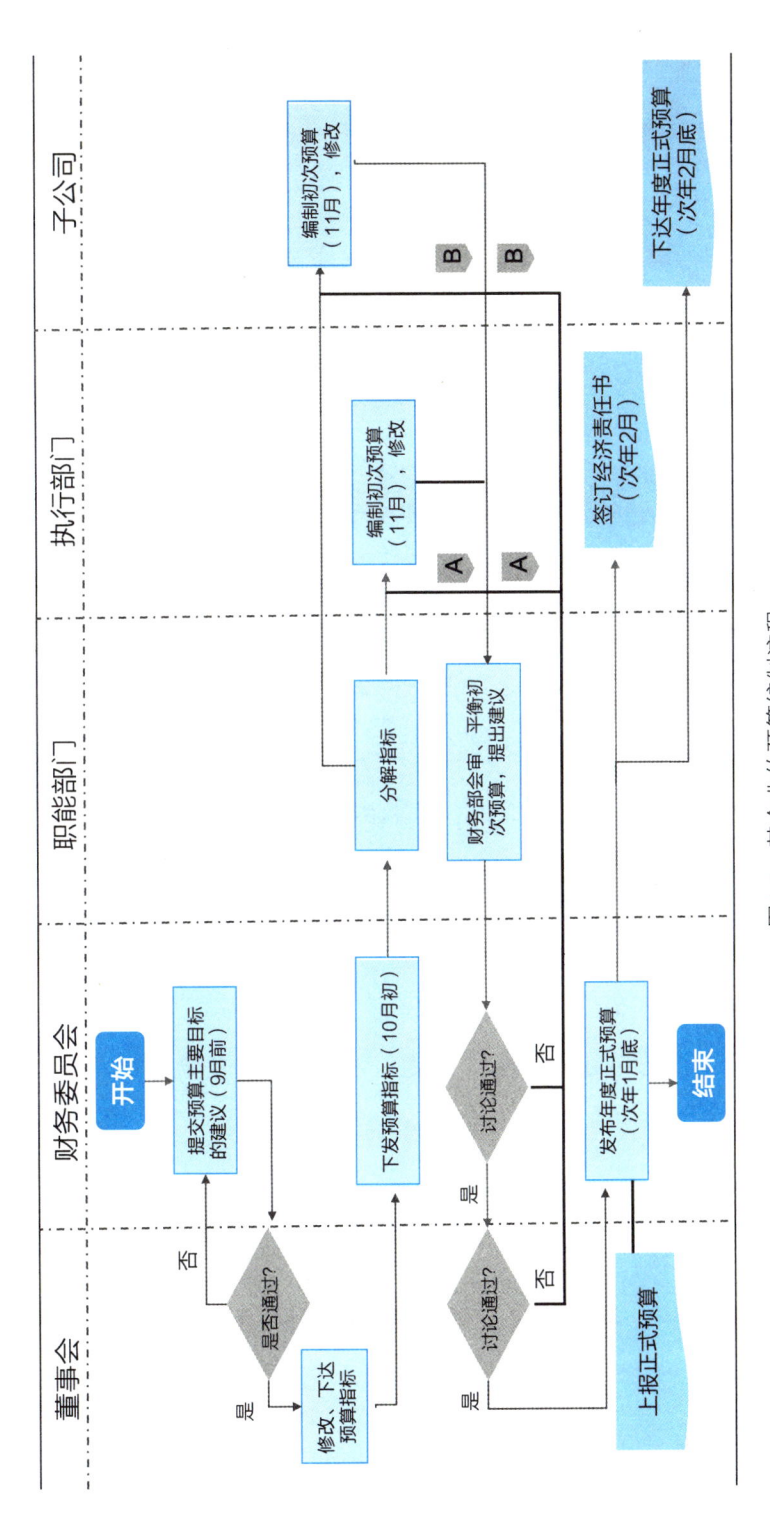

图4-5 某企业的预算编制流程

在一个企业里面，预算编制不是一个部门或某个员工的事情，它有一个全面的流程，需要多个部门参与。

从图4-5中这家企业的预算编制流程来看，预算编制从财务委员会开始，财务委员会需要在9月前向董事会提交主要预算目标的建议。

如果董事会审核通过财务委员会提交的建议，则修改并下达预算指标，并在10月初下发预算指标给财务委员会；如果不通过，打回给财务委员会重新提交建议。

经董事会审核通过、下发的预算指标，将由财务委员会传达给各职能部门做指标分解。分解形成的财务指标，一是交由子公司编制初次预算，二是交由执行部门编制初次预算。初次预算的编制在11月完成并统一反馈到职能部门，职能部门的财务部通过会审、平衡初次预算，提出建议，汇总材料上交至财务委员会进行讨论。

如果该初次预算在财务委员会讨论通过，则进一步上交至董事会讨论。如果财务委员会讨论不通过，则返回到子公司和执行部门进一步修改。

经董事会讨论通过的初次预算，在次年1月底会发布正式预算。该正式预算一是会上报形成正式预算，二是在次年2月跟各个执行部门签订经济责任书，并在次年2月底下达年度正式预算。

至此，企业的预算编制流程正式跑完。

2. 企业预算执行流程

走完了企业预算编制流程，再来看一下图4-6展示的企业预算执行流程。

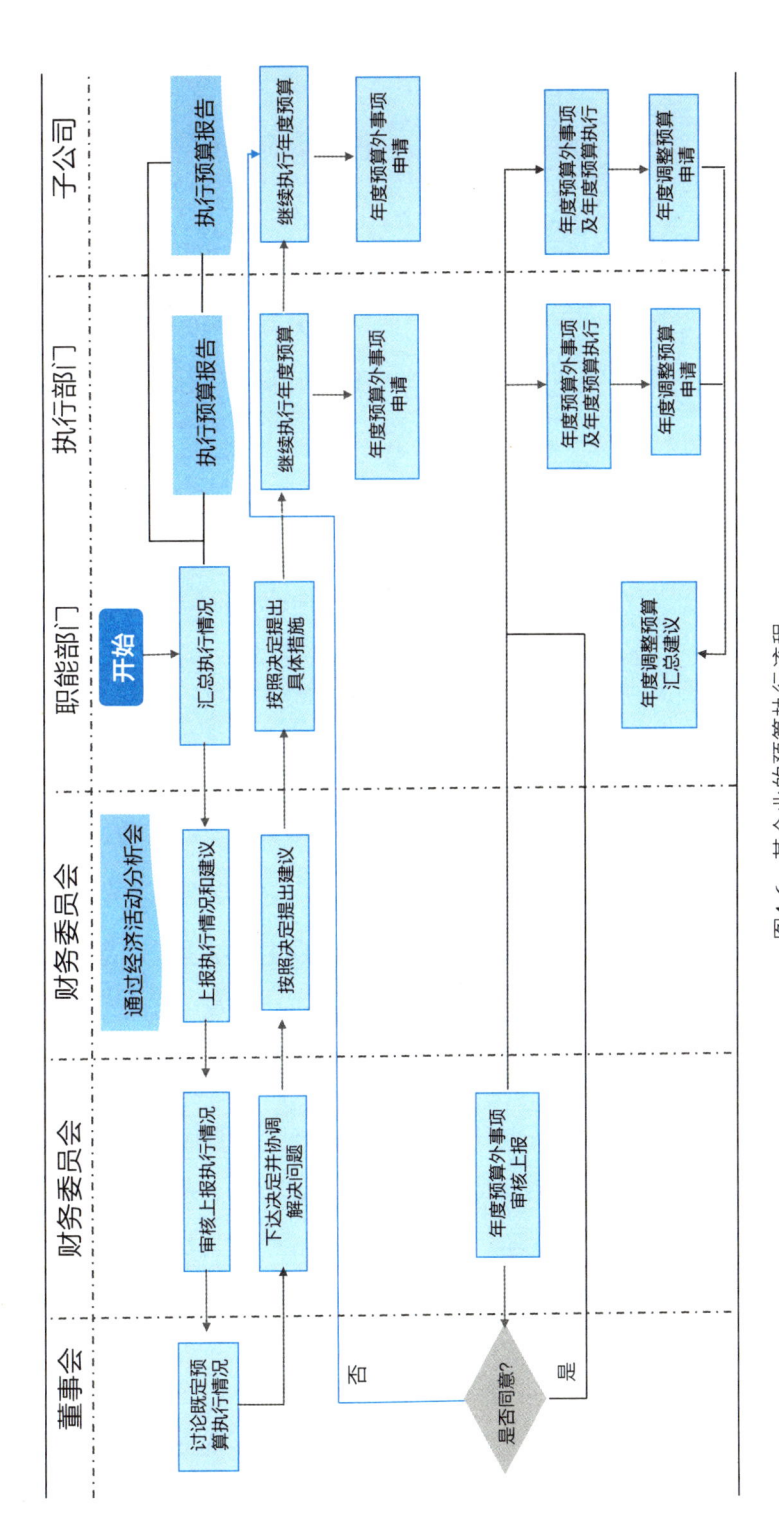

图4-6 某企业的预算执行流程

同样用这个企业的预算执行流程说明。

执行部门和子公司将执行预算报告提交给职能部门；职能部门汇总执行情况后将执行情况和建议上报给财务委员会；财务委员会审核上报执行情况后提交给董事会；董事会讨论既定预算执行情况，然后将讨论结果向财务委员会下达相关决定并协调解决问题；财务委员会按董事会决定提出建议；由职能部门按照决定提出具体措施；下发至执行部门和子公司继续执行年度预算。

这里面有一项计划外情况，那就是出现了年度预算外的事项。此时，需要执行部门和子公司提出年度预算外事项的申请，且首先由董事会讨论并做出决议。

年度预算外事项的预算调整申请和审议批复、执行流程可以参考前文的流程图，这里不细致说明。

3. 预算执行失控的原因

预算指标的确定与分解过程，实际上是企业战略目标的落实过程以及围绕战略目标进行的资源配置过程。这个过程主要抓两个关键问题：第一是将企业的战略按行动计划的要求转化为企业的预算指标，第二是将企业的预算指标按利润驱动因素和权责转化为各部门的预算指标。

在企业的预算实践中，突出的问题之一就是预算脱离战略。实际工作中有一个很常见的问题，那就是预算控制只是走走形式，大多数工作都没能按预算控制的计划执行下去。这大概出于以下五方面原因。

（1）预算与战略结合不紧密，不能体现战略导向。很多企业的预算只是以上一年的预算来预测下一年，如果企业战略进行调整，加入了某一项或者多项计划，预算没有很好地考虑战略规划，这就导致预算不是根据战略来执行，没有很好地结合战略。

（2）预算与业务结合不紧，导致提升管理水平的效果有限。在实际执行中，财务部门没有高度重视预算的严肃性，对全年的收支缺乏充分的预测与详细的规划，而是依照过去的数据，在与业务部门缺少沟通、缺乏预算编制中所需的大量基础信息的情况下，直接包揽预算编制工作，存在"纸上谈兵""闭门造车"之嫌，导致全年预算收支编报不全面，与预算执行出现不同程度的脱节，造成一些支出项目超支严重，而另一些支出项目无法支付，与业务结合不紧。

（3）预算标准弹性大，准确性差。例如，企业某年基于战略执行的需要，新增了人才培训计划这一项工作内容，按理来说，预算方面应重新核定业务开发费、人员培训费、固定资产购置费、人员工资等各项指标。但是在做预算预测年度计划时并没有考虑新增的人才培训计划内容，导致实际支出与预算的差异比超过50%；其中，由于上一年没有人员培训费支出，预算中没有这一项，差异率达到100%。

（4）预算方法单一，客观性不够。增量预算法是企业实践中惯用的预算编制方法，但是受经济环境变化影响，单一使用这种方法会导致预算管理缺乏客观性，起不到全面预算管理应有的效果。单纯依靠历史数据和主观判断预算编制将会变得不合理、不可行，造成预算偏差，使成本控制和业绩考核不准确。

（5）预算执行不严格，对差异分析不够深入。无论成本预算编制有多严谨，预算外支出都是无法避免的，因此预算不可能百分百准确，必然会产生差异。实践中，很多企业不重视差异分析，或者知道导致差异的原因，但不做分析，评价体系也不够健全。

4. 企业常用的预算方法

（1）固定预算。根据预算内正常的、可实现的某一业务量水平编制的预算，一般适用于固定费用或者数额比较稳定的预算项目。

（2）弹性预算。在按照成本（费用）习性分类的基础上，根据量、本、利之间的依存关系编制的预算，一般适用于与预算执行单位业务量有关的成本（费用）、利润等预算项目。

（3）滚动预算。随时间的推移和市场条件的变化而自行延伸并进行同步调整的预算，一般适用于季度预算的编制。

（4）零基预算。对预算收支以零为基点，对预算期内各项支出的必要性、合理性或各项收入的可行性以及预算数额的大小，逐项审议决策从而予以确定收支水平的预算，一般适用于不经常发生的或者预算编制基础变化较大的预算项目，如对外投资、对外捐赠等。

（5）概率预算。对具有不确定性的预算项目，估计其发生各种变化的概率，根据可能出现的最大值和最小值计算其期望值，从而编制的预算，一般适用于难以推测预测变动趋势的预算项目，如销售新产品、开拓新业务等。

实际中，大多数企业的预算只使用固定预算和弹性预算，常常基于经验主义和往年的预算计划进行规划，导致预算不能符合战略执行。

5. 战略规划与预算资源的结合

从系统性的角度来整体看待企业预算，必须把战略规划与运营预算和资金预算结合起来。

这里推荐作业成本法。作业成本法又称ABC成本法、作业成本计算法、作业成本核算法，是基于活动的成本核算系统。它是根据事物的经济、技术等方面的主要特征，运用数理统计方法，进行统计、排列和分析，抓住主要矛盾，分清重点与一般，从而有区别地采取管理方式的一种定量管理方法。

作业成本法的指导思想是：成本对象消耗作业，作业消耗资源。作业成本法把直接成本和间接成本（包括期间费用）作为产品（服务）消耗作业的成本同等地对待，拓宽了成本的计算范围，使计算出来的产品（服务）成本更准确真实。

笔者提炼了相对具有可操作的五个参考步骤。

（1）对销售收入进行动态预测，这主要基于战略分析等手段来判断。

（2）将销售预测转化为详细的销售和运营计划。

（3）根据销售和运营数据，运用时间驱动的作业成本模型预测资源需求。

（4）预测运营支出和资本支出。

（5）根据产品、客户、渠道和地区等预估利润。

思考与练习：你所在企业的针对战略执行各项计划的预算资源是如何配置的？

_____
_____
_____

五、重实干,强执行,抓落实——执行做得好,结果有保障

习近平总书记曾指出"真抓才能攻坚克难,实干才能梦想成真"。对于企业战略执行来说,不仅仅是要求具备"崇尚实干"的态度意识,更重要的是"狠抓落实"的动作。

不能抓好落实,再好的战略蓝图,最终都可能变成镜花水月。

简言之,战略执行做得好,战略结果才有保障。

05

战略复盘

第五章

一、综述：企业生命不息，战略复盘不止——用好复盘这台"监控器"

复盘原本是一个围棋术语，指围棋对局结束后，复演该盘棋的记录，以检查对局中招法的优劣和得失。对于一个棋手来说，如何训练才能更好地提高自己的棋技水平？并不是和别人对弈，而把大量时间用在复盘上。

复盘的概念最早用在企业管理中，是联想集团在2011年提炼形成的方法论。联想集团认为，正是通过不断总结归纳，将复盘的动作变成联想集团的DNA，深植于集团内部，才极大地提高了联想集团的组织发展能力。

笔者将复盘的概念引入到战略管理流程中，也是认可战略复盘对战略管理的重要意义。

在战略执行过程中，在做出关键战略动作、取得阶段性战略结果、实现战略目标后，必须及时进行战略复盘。就像回看监控器一样，客观地呈现战略执行过程，再度审视和思考，深入分析成败得失，并提出假设和预案，研究下一步最佳行动方案。

战略复盘动作是思维不断碰撞的过程，也是激发新方案新思路的过程，应该贯穿企业的生命周期。应该说，只要企业处于存续发展状态，战略复盘的动作就不应该停止。

本章重点呈现战略复盘的定义、目的、意义以及操作步骤等内容（见图5-1）。

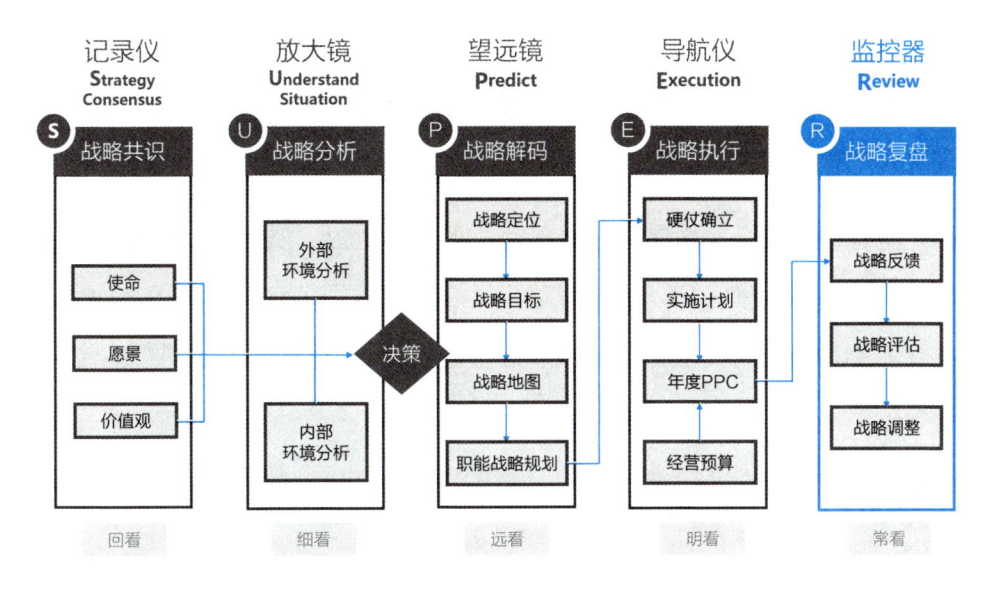

记录仪 Strategy Consensus	放大镜 Understand Situation	望远镜 Predict	导航仪 Execution	监控器 Review
S 战略共识	U 战略分析	P 战略解码	E 战略执行	R 战略复盘
使命 愿景 价值观	外部环境分析 决策 内部环境分析	战略定位 战略目标 战略地图 职能战略规划	硬仗确立 实施计划 年度PPC 经营预算	战略反馈 战略评估 战略调整
回看	细看	远看	明看	常看

图5-1 极简战略管理SUPER™模型之战略复盘

二、复盘让战略执行更稳健——停下来，想想，再出发

新冠病毒肺炎疫情影响了很多企业的正常运转。作为多家企业的营销咨询顾问，笔者发现这几年"战略复盘""业务复盘"课程的需求呈现显著增长态势。在访谈那些提出复盘需求的企业高管时，笔者听到最多的问题是：之前定的战略已经不再适用于当下了，接下来该怎么办？

回到战略管理的话题上，如果已经确立的战略方向没有问题，战略执行到位，但是环境发生了变化（如发生新冠病毒肺炎疫情），那么原先制定的战略还适用吗？假如不适用了，应该怎么办？

进一步想想，即便环境没有变化，战略也在正确地执行，是否就意味着企业可以继续执行既定的战略呢？

答案是否定的。企业的战略执行，必须隔一段时间就停下来，回头看看，仔细想想，再出发。

近几年很多人都提到，现在已经进入了VUCA时代，复杂、多变、不确定是当下的常态。这种情况下，要想保持战略执行的稳健，就必须定期开展战略复盘。

笔者给诸多企业做完战略复盘或业务复盘之后，听到最多的反馈是：战略方向还是没变，但以往的策略不灵了。而且很多策略在执行之后，才发现并不是最优解。复盘的意义就是帮助企业全面回顾、评估得失、快速调整。

企业必须定期进行战略复盘，才能让战略执行更加稳健！

三、复盘就是启动管理者内省——每次做同一件事，不见得是好事

所谓战略复盘，就是运用科学的方法，对企业战略执行过程中的阶段性工作进行回顾，发现战略执行工作中的优点和不足，进而为未来的战略执行工作和计划做好准备。

那么，战略复盘有哪些特点呢？

（1）战略复盘是一种快速迭代的行为。从操作过程来说，它是一个从执行，到复盘，到提高，再复盘，再提高，再执行的一个闭环过程。每一次复盘都是一次迭代升级行为。

（2）战略复盘是连续的、立体的行为。这是相对于总结来说的。总结是静止的、平面的行为，复盘是连续的、立体的行为。

再来谈一下战略复盘的价值。战略复盘最大的价值在于启动管理者对于战略的内省。这里讲的内省有两层意思，第一层意思是避免再犯同样的错误，第二层意思是复盘后固化流程。

笔者发现一个普遍且可怕的现象，很多管理者把习以为常当本来，把本来当标准，把标准当正确。如果这个现象发生在战略管理工作中，那带来的影响会远比执行层面工作大得多。

通过复盘启动内省机制，就是要让战略管理者阶段性地持续研究，应该做哪些对的事情，从而避免习以为常的惯性思维。

四、做好战略复盘的关键事项

要做好战略复盘，有三个关键事项：第一是进行阶段性战略反馈，第二是针对上一阶段的战略结果进行评估，第三是针对下一阶段的战略进行调整。以上这三个关键事项，一般以[战略复盘会议](战略复盘会议)的形式来开展。

本章除了阐述三个关键事项的具体内容，也会从操作层面介绍如何组织一场高质量的战略复盘会议，供读者借鉴。

一）战略反馈——"十四五"规划与两会

"十四五"规划是《中华人民共和国国民经济和社会发展第十四个五年规划和2035年远景目标纲要》的简称。"两会"是对自1959年以来历年召开的中华人民共和国全国人民代表大会和中国人民政治协商会议的统称。

站在企业战略管理的角度来看，"十四五"规划相当于以五年为一个周期做出的战略规划，"两会"相当于每年定期开展的战略复盘会议。两会上针对各行各业上一年度的工作进行回顾，这就是非常好的战略反馈动作。

在战略管理工作中，战略反馈动作能帮助企业还原战略执行过程，为后期战略结果评估和下一步战略调整提供决策依据。

1. 回顾战略制定和战略执行

战略反馈可以重点回顾战略制定过程和战略执行过程。

首先分析战略制定与战略执行的关系，如图5-2所示。

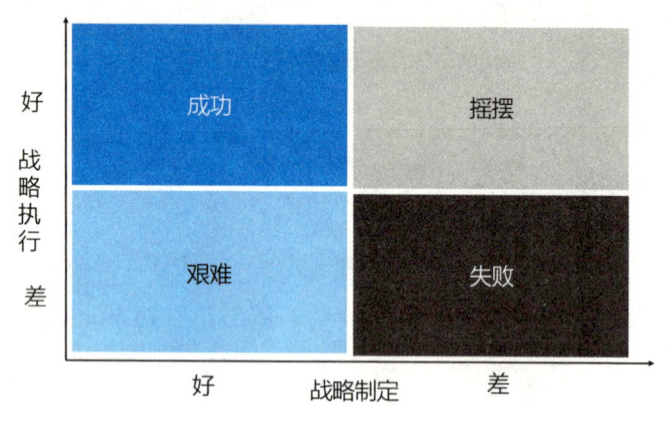

图5-2 战略制定与战略执行的关系

图5-2中所定义的战略制定得"好"的标准，指有明确的战略目标、清晰的战略规划和落地的行动计划。战略执行得"好"的标准，包括执行层能准确理解战略，管理层和执行层达成高度共识，执行层具备完成落地行动计划的意愿和能力等。

（1）战略制定得好，且战略执行得好，那么战略管理工作的结果大概率是成功的（实现战略目标）。

（2）战略制定得好，但战略执行不到位，战略管理工作就会陷入艰难的局面。其原因可能是执行层缺乏对战略的理解，管理层没有很好地将战略目标传达给执行层，或者战略执行过程中偏离了既定的战略方向，抑或执行层缺乏将行动计划落地的意愿和能力。

（3）战略制定得差，却有好的战略执行，那么执行过程中就会出现不断摇摆的情况。战略制定得差，带来最大的问题就是方向性错误。这将导致执行层沿着错误的战略方向前进。即便企业有相应的战略资源投入和团队执行能力做保障，但是战略执行得越坚决，错得越离谱。最终导致执行层会对战略执行工作，甚至对最初的战略目标、自己的执行能力产生怀疑，开始摇摆不定：是继续执行下去呢，还是该停下来呢？

（4）战略制定得差，执行也差，那战略管理工作注定是失败的结果（无法实现战略目标）。

2. 企业战略失效的"浴盆曲线"

有很多管理专家都在研究"企业战略是如何失效的"这个话题。

首先厘清一个概念：什么是战略失效。在战略执行过程中，有的时候企业管理者会发现与最初的期望或目标并不一致。当战略执行的结果出现了非理想状态时，在战略管理上称之为战略失效。

大量的企业管理实践表明，企业战略的失效率是一个跟时间有关的函数，战略执行不同阶段的战略失效率所呈现出的曲线，被称为"浴盆曲线"（见图5-3）。

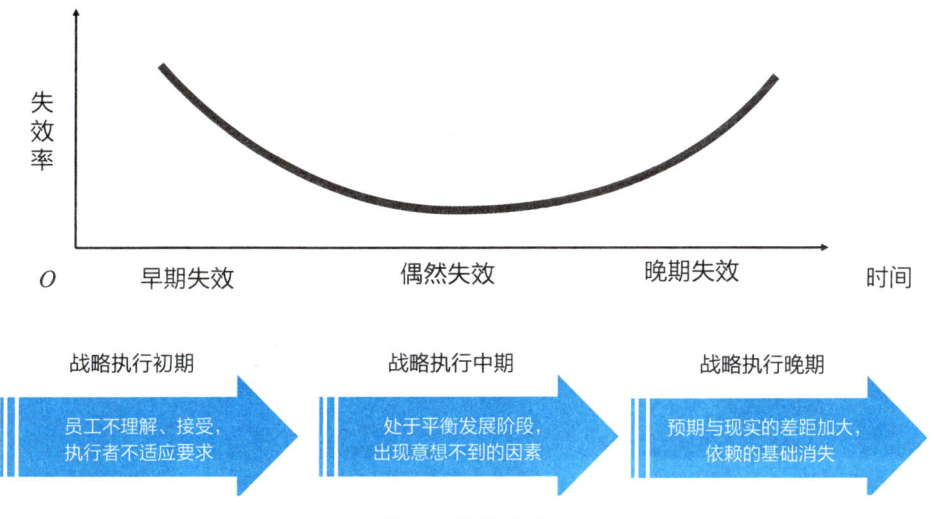

图5-3 浴盆曲线

浴盆曲线以战略执行阶段为横坐标轴，以失效率为纵坐标轴。失效率曲线呈现出两头高、中间低的形态，有点像生活中使用的浴盆。

浴盆曲线有较为明显的阶段性特征，战略的失效率随着战略执行阶段的变化分为三个阶段：早期失效期，偶然失效期，晚期失效期。

（1）战略执行初期出现战略失效情况的概率相对较高，其原因可能是员工不理解或不接受战略，执行层不能很好地适应执行要求。为了降低这个阶段的战略失效率，可以通过一系列手段缩短员工对战略的理解、接纳时间，加快执行层适应、调整、优化的节奏，尽快进入正常的战略执行轨道。

（2）战略执行中期出现战略失效情况的概率相对较低。此时是战略执行的平衡发展阶段，需要警惕一些意想不到的因素。比如，关键战略管理岗位人员的离职，突发的外部环境的变化等。这些意想不到的因素可能会造成战略的偶然失效。从战略执行过程管控的角度出发，企业战略管理者要做的是实时关注企业内、外部的情况变化，充分假设一切偶发性因素，并做好风险预案。

（3）战略执行晚期出现战略失效情况的概率又变得相对较高了。这是为什么呢？因为预期和现实的差距加大，依赖的基础消失。具体来说，在这个阶段，原本对战略环境条件的预测与实际发展变化情况的差距，会随着时间的推移变得越来越大。计划赶不上变化，变化发展的程度远远超出预期，原本制定战略所依赖的基础就越发变得"不可依赖"了，这就使得战略失败率提高了。

战略失效的浴盆曲线，揭示了在战略执行的不同阶段的战略执行结果的可能性，分析了不同阶段战略失效的原因，为战略执行过程中的管控策略提供了理论依据。企业的战略管理者可以在了解浴盆曲线理论的基础上，思考如何在早期失效期高效推动达成企业内部战略共识，如何避免在晚期失效期盲目修改或固守原有的战略规划。

3. 如何进行战略反馈

在战略执行过程中，因不同因素影响，战略执行动作可能出现偏差，影响战略的有效性。那么如何检验战略执行动作是否出现了偏差，战略的有效性是否受到了影响呢？首要任务就是对战略执行过程进行及时的战略反馈。

开展战略反馈工作一般通过组织战略反馈会议，分析战略执行过程中遇到的问题或阻碍，充分考虑外部环境因素与内部组织因素的变化，判断企业战略执行的偏差程度，再研讨产出有效的调整方案，以防止沿着偏移的方向执行战略。

需要注意的是，很多中小企业实际上开展较多的是经营回顾会议，而非战略反馈会议。下面来看看两者的不同。

经营回顾会议主要看阶段性的业绩结果及相关财务数据，通常在会议上重点呈现、汇报经营数据，而不会系统地、深度地分析战略层面的问题。

战略反馈会议一般会系统回顾企业的整体战略目标、阶段性结果指标、分解后的行动计划，以及实际达成情况和结果。不仅仅要呈现实际结果，还要分析实际结果与最初制定目标的差距，分析没有达成目标的原因。通过对相应衡量指标的分析，检验企业的战略制定、战略执行是否出现了偏差。最重要的是要得出结论判断，比如，假如没有实现目标，到底是执行做得不好，还是当初制定的目标不合理，或者用来衡量目标达成的标准不切实际。

4. 战略反馈会议的价值

好的战略反馈会议，能为企业的战略管理带来如下价值。

（1）聚焦企业战略。战略反馈会议强调聚焦企业战略，而非经营业绩。战略反馈会议要求与会者把讨论的重心转移到企业战略上，让大家对企业战略的认知和理解再一次达成高度共识。在会议中，所有人都可以开放地、坦诚地沟通、研讨战略问题，针对阶段性战略执行工作提出反馈意见。

（2）促进战略执行，保障战略目标实现。通过建立有效的战略反馈机制，企业可以不间断地收集战略执行的相关信息，然后定期在战略反馈会议上汇报结果，并对战略执行过程中出现的问题进行剖析。首先回顾当初订立的战略目标是什么，然后搞清楚哪些行动计划没有得到落实，或者为什么落实后的结果跟目标有差距，背后的原因是什么。通过多轮战略反馈会议，向战略管理者与战略执行者不断强化战略目标感、使命感。这种定期反馈能有效地提高战略执行工作的效率，保障战略目标的阶段性达成。

5. 战略反馈节奏的设定

如果以一个自然年作为时间轴，笔者建议参考使用图5-4所示的战略反馈节奏（以笔者咨询服务的某企业为例）。

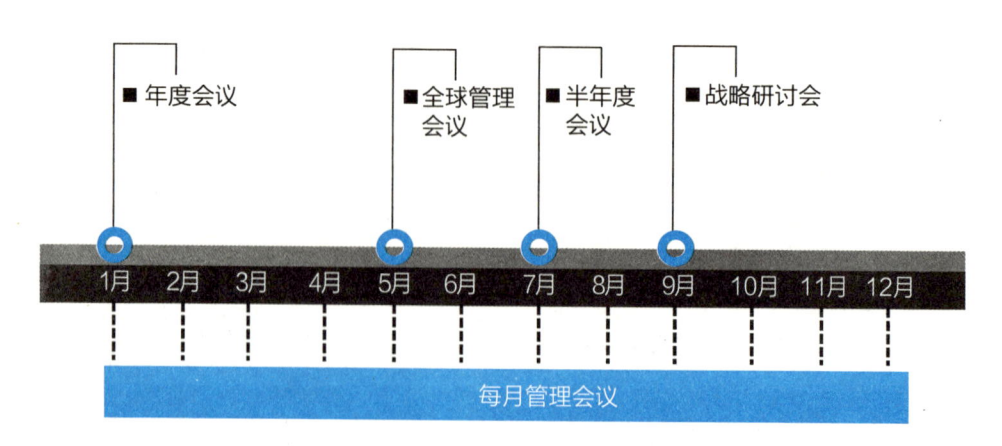

图5-4　战略反馈节奏

思考与练习：对你所在企业的战略制定及战略执行过程做一次战略反馈。

_____

_____

_____

二）战略评估——红旗与黄旗

红旗，一般能联想到胜利、成功；黄旗，一般能联想到没有达标，或者落后。

笔者曾任职过的某乳品企业会在各个事业部（业务单元）用红旗、黄旗做内部评比。拿到业绩指标第一或利润指标第一的事业部，可以获得流动红旗。如果拿到双项第一，可获得最佳经营红旗。这个红旗是胜利的喜悦，也是新征程的开始。

黄旗代表鞭策和激励。比如，某个事业部没有达成业绩指标，排在最后一名，将黄旗颁发给他们，目的是鞭策该事业部奋发向上，努力争夺红旗。

除了事业部，职能部门也可以进行部门述职，实行360度评比。如果被评为"最佳部门"，就给该部门颁发流动红旗。排名最后的职能部门将被颁发流动黄旗。职能部门若是被颁发了流动黄旗，其士气可能会被严重打击。笔者曾目睹过某个部门领了黄旗后，整个部门的成员都流泪的场景。然而，这种"打击"对部门也是一种刺激和鞭策，他们可能会铆足了劲，要在下一次评比中拔得头筹，一雪前耻。

1. 企业战略基础评估

评估企业的战略基础，最主要是评估企业自身是否具备核心能力。在评估企业的战略基础时，一般会用到图5-5所示的模型。

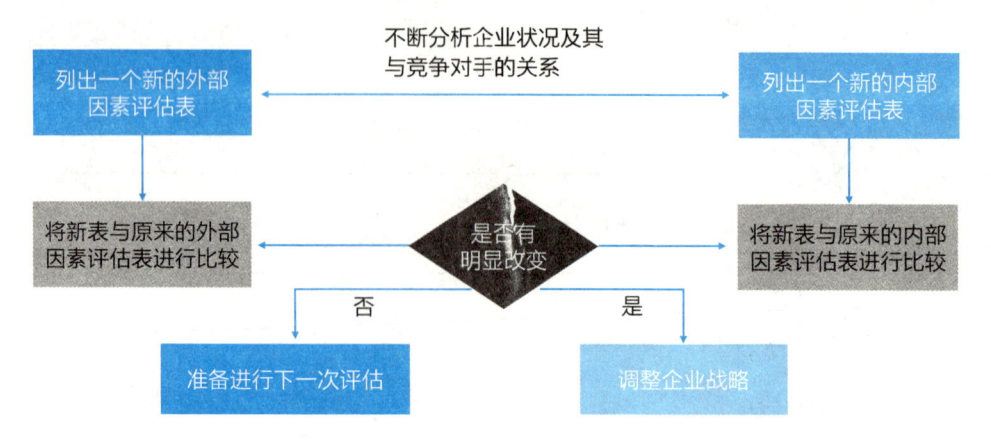

```
                    不断分析企业状况及其
                    与竞争对手的关系
┌──────────────┐                          ┌──────────────┐
│ 列出一个新的外部 │                         │ 列出一个新的内部 │
│   因素评估表   │                          │   因素评估表   │
└──────┬───────┘                          └──────┬───────┘
       │                                         │
       ▼                                         ▼
┌──────────────┐        ◆是否有◆              ┌──────────────┐
│将新表与原来的外部│ ◄──── 明显改变 ────►       │将新表与原来的内部│
│因素评估表进行比较│                            │因素评估表进行比较│
└──────────────┘     否 ▼     ▼ 是            └──────────────┘
                ┌──────────┐ ┌──────────┐
                │准备进行下 │ │ 调整企业 │
                │ 一次评估  │ │   战略   │
                └──────────┘ └──────────┘
```

图5-5　企业战略基础评估模型

从图5-5可以看出，应该不断分析企业状况及其与竞争对手的关系，从而列出新的外部因素和内部因素，将这些列出来的新因素与原来的因素进行比较，看看是否有明显改变。假如有明显改变，则需要调整企业战略；如果没有明显改变，则准备进行下一次评估。

2. 战略执行结果评估

一般评估战略执行结果主要围绕企业绩效来进行。企业绩效是指一定经营期间内的企业经营效益和经营者业绩。企业经营效益主要表现在盈利能力、资产营运水平、偿债能力和后续发展能力等方面。经营者业绩主要通过经营者在经营、管理企业的过程中，对企业经营、成长、发展所取得的成果，以及所做出来的贡献来体现。

在评估企业绩效时，一般会从定量比较和定性比较两方面来进行。定量比较是基于量化数据的对比分析，如投资收益率、股东收益率、盈利率、市场份额、销售增长率等。定性比较则更多是文字性描述。

1）定量比较

定量比较主要有三个维度。企业可以使用以下三个维度，综合、全方位地进行评估分析。缺少任何一个维度的分析，就有可能看不全、看不准问题，容易做出错误的策略。

（1）不同时期的业绩对比。这是一个比较常用的评估维度。比如，用企业上半年度的营业收入、毛利润、净利润等指标与去年上半年度的相比较，用于说明本期发展水平与去年同期发展水平对比达到的相对发展速度。还可以比较连续两个统计周期内的变化，比如，本年度七月份的经营数据与本年度六月份的相比较，用于说明逐期的发展速度。

（2）与竞争对手的业绩对比。一般瞄准上家和下家做对比。前提是先认清自己产品的特点和市场范围，以及跟自己相类似的竞争对手及其产品。搞清楚哪些是本企业的直接竞争对手，哪些是间接竞争对手。若竞争对手是上市公司，那可以跟进他们相关的财报进行对比分析。若竞争对手不是上市公司，那么就需要做进一步市场调研，根据市场调研所得出的相关业绩数据进行对比分析。

（3）与行业的平均业绩对比。这就是用企业的业绩增长速度与整个行业的平均业绩增长速度做比较。有些企业喜欢使用不同时期的业绩对比，若有了相对增长，便感到满足，认为取得了很好的成绩。但是放宽到整个行业来看，如果企业的业绩增长速度与行业的平均业绩增长速度相差甚远，那说明整个市场的"蛋糕"都在做大，但本企业只是多吃了一小口而已，其他竞争对手吃掉了更大的市场份额，或者有新的竞争对手进入抢走了部分市场份额。

2）定性比较

定性比较主要从六个维度考虑企业内部情况，以及从一个维度考虑企业外部情况。企业内部情况的六个维度包括价值链、财务能力、营销能力、组织效能、企业文化和企业核心能力，企业外部情况的一个维度是企业外部环境。

（1）价值链。分析企业每一项创造价值的、互不相同但又相互关联的生产经营活动。比如产品加工、安装、产品设计、销售等直接活动，维修管理、原材料供应储存、新产品开发等间接活动，还有监督、视察、检测、核对、调整等质量保证活动。

（2）财务能力。可以从企业的生产性、安全性、收益性、成长性与流动性等五个方面对企业的财务能力进行直观地分析与评价。

（3）营销能力。主要从产品竞争能力（产品市场地位、产品收益性与成长性、竞争性等）、销售活动能力（销售组织、渠道、销售绩效、销售计划等）、产品开发能力（开发组织、开发效果、开发计划、开发过程等）、市场决策能力（信息系统、经营方针、经营计划、决策过程）四个方面进行分析。

（4）组织效能。可以从统一指挥、有效管理幅度、专业化、责权对等、集权和分权相结合等方面展开分析。

（5）企业文化。可以从员工满意度和顾客满意度两个方面展开分析。员工满意度包括对工作条件、工作回报、工作本身、人际关系、人才培养、对企业整体满意度等内容。顾客满意度包括产品品质、产品功能、服务、价格等内容。

（6）企业核心能力。可以从核心管理能力、核心技术能力、核心市场能力三个方面展开分析。核心管理能力包括高层领导能力、战略管理能力、组织管理能力、人力资源管理能力、财务管理能力、企业文化能力、危机管理能力等。核心技术能力包括技术研发能力、生产制造能力等。核心市场能力包括资源整合能力、市场营销能力等。

（7）企业外部环境。可以从政治环境、社会环境、技术环境、经济环境四个方面展开分析。政治环境包括国家方针政策、法令法规、国内外政治形势发展情况。社会环境包括人口、居民收入或购买力、居民文化教育水平等。技术环境指与本行业有关的科学技术水平和发展趋势。经济环境包括宏观经济形势、世界经济形势、行业在经济发展中的地位、企业的直接市场等。

3. 战略执行风险评估

战略执行的过程可能不是一帆风顺的，会遇到许多阻碍与困难，所以战略评估需要有风险管理意识，提前评估战略执行过程中可能会遇到的风险，提前判断哪些风险是否能够接受或者可以避免。

通过分析外部环境与企业内部情况，可以梳理出外部风险与内部风险。

外部风险主要包括政治风险、法律风险与合规风险、社会文化风险、技术风险、自然环境风险、市场风险、产业风险、信用风险等。

内部风险主要包括战略风险、操作风险、运营风险、财务风险等。

战略执行计划需要拟定任务执行的具体时间段，如周、月、季度等，且战略执行的每个行动步骤都要设定明确的起始时间。战略执行可能会受到各种因素的影响，企业在制定战略执行时间表的时候要充分考虑到这一点。在做战略评估的时候，当某个行动计划因各种风险导致没有按预期的进行，就要开始思考各项任务达成的时间节点设置是否恰当合理，是否应该根据实际情况对执行时间表进行调整，以便及时根据新制定的时间节点，调配相应资源，达成目标。

4. 战略评估实操

在进行企业战略评估的实际操作中，一般会比较完整的评估两个方面内容，一是企业绩效表现，二是高层管理者绩效表现。

上文对企业绩效评估的内容做了相关说明，本小节重点从操作角度、工具角度展开论述。

1）企业绩效表现评估

测定企业绩效，一般会考量企业在增长、效率、资产利用率三方面的表现。

对增长表现的测定，传统的办法是考量销售额、销售单位、资产价值。笔者新提出的办法是考量增加价值，其计算方法是用销售额减去原材料成本和外购件成本。

对效率表现的测定，传统的办法是考量毛利润、纯利润率、纯利金额。新提出的办法是考量增加价值利润率，其计算方法是税前纯利占增加价值的比率。

对资产利用率的测定，传统的办法是考量投资利润率、自有资本利润率、每股盈利。新提出的办法是用增加价值利润率除以投资回报率。

表5-1所示的是对企业战略执行情况进行评估时常用的指标，供大家参考。

表 5-1 战略执行评估常用指标

表现特征	传统指标	新提出的指标
增长	销售额、销售单位、资产价值	增加价值
效率	毛利润、纯利润率、纯利金额	增加价值利润率
资产利用率	投资利润率、自有资本利润率、每股盈利	增加价值利润率 ÷ 投资回报率

注：增加价值 = 销售额 − 原材料成本和外购件成本；增加价值利润率=税前纯利润÷增加价值 ×100%。

需要注意的是，在企业的不同发展阶段，可能需要对评估指标进行调整。其他可调整的指标包括投资收益率、利益相关者分析、股东价值分析、增加值、对高层管理者的评价、关键表现领域等。

2）高层管理者绩效表现评估

高层管理者的岗位特征不同于其他管理层人员，他们要负责企业的总体战略规划和组织运作，确定企业的发展方向，制定战略执行方案，从宏观上控制方案的执行，为突发性重大问题提供解决方案。优秀的高层管理者需要具备良好的领导能力、决策能力、管理能力，在某一行业或领域具有较高的知识水平，具有良好的心理素质，敢于挑战，能够承担风险，持续追求企业的高质量发展。

对于高层管理者的绩效评估，可以从财务层面、运营层面、客户层面、组织发展层面这四个方面考量。

（1）财务层面。主要的考核指标有年度利润总额、净资产增长率、主营业务收入增长率、总资产周转率等。年度利润总额衡量企业经营利润情况，净资产增长率衡量净资产的增长情况，主营业务收入增长率衡量企业主营业务的收入情况，总资产周转率衡量企业资产的有效利用率。

（2）运营层面。主要的考核指标是企业战略目标的完成率，该指标衡量企业战略的完成情况。

（3）客户层面。主要考核市场占有率和品牌价值增值率，两个指标分别衡量企业在行业内的发展情况和在市场上的品牌形象。

（4）组织发展层面。主要考核核心员工保有率，该指标衡量企业在行业内的竞争力。

笔者认为，一个企业的高层管理者，在这些领域的绩效表现优秀才足以胜任。

战略评估工具示例如表5-2所示,可参考使用。

表 5-2 战略评估工具

评估项目	好	坏
资产收益率		
销售利润率		
股东资产管理		
组织机构		
人员培养		
产品开发		
企业道德		
企业的形象		
企业发展潜力		
市场占用率		
其他企业的购入		
研究与发展		
国际业务		

思考与练习:你会选择哪些维度对你企业的战略进行评估,评估结果是怎么样的?

_____
_____
_____

三)战略调整——柯达破产了,富士还活着

曾经在各大景区横行的"柯达黄""富士绿"早已不见了身影。但让

人讶异的是，胶卷厂商两大巨头在市场冲击之下的命运截然不同。柯达于2012年申请破产保护后逐渐淡出大众视野。富士却"二度"创业，不仅活着，甚至还活出了"别人家孩子"的兴盛势头。

富士也落魄过。就在2000年左右，数码技术让整个胶卷行业面临被倾覆的危机。2000年起，世界彩色胶片市场以每年20%~30%的速度收缩。而富士的感光材料业务在四五年时间内就出现巨亏，胶卷业务收缩至当初的四分之一。但就在主营业务呈现断崖式暴跌的状态下，富士却迎来一场脱胎换骨般的革新。

富士重新崛起的转折点是古森重隆在2003年担任CEO展开大刀阔斧的改革。他没有沉湎于胶卷业务过去的辉煌，甚至还在这一业务板块大幅裁员，与过去彻底说再见。随后，富士开始了"二次创业"。

古森重隆制定了"四象限战略"——用现有技术巩固现有市场，开发新技术应用于现有市场，将现有技术应用于新市场，研究新技术开拓新市场。依托于既有技术，富士最终选择生物医药、化妆品、高性能材料等成长可能性较大的领域，并向数码影像、光学元器件、高性能材料、印刷系统、文件处理、医疗生命科学等行业转型或开拓。

2018年，富士开始了全球品牌推广活动"NEVER STOP"（创无止境）。富士胶片（中国）投资有限公司总裁武冨博信表示："我们已经经历了二十多年的转型过程，'NEVER STOP'表明了我们接下来要继续不断转型的意志。"

1. 战略调整的意义和内涵

为保障战略规划既有前瞻性又尽量精确，除了在战略制定初期要根据当时的情况和要求尽量做出合理的预判，更重要的是在战略执行过程中不断进行动态调整，以保证战略规划适合新形势下的要求。

战略调整是在企业经营发展过程中，对过去选择的、目前正在执行的战略方向或线路的改变。战略调整与工作中常用的PDCA闭环管理工具一样，在做完工作的评估复盘之后，对其中不合适的地方进行调整优化，以便下一次能取得更好的结果。

战略调整就是根据企业情况的变化，即参照实际的经营事实、变化的经营环境、新的思维和新的机会，及时地对所制定的战略进行调整，以保障战略对企业经营管理指导的有效性。调整内容可以包括企业的战略展望、长期发展方向、目标体系及战略执行计划。

作为一种特殊的决策，一些重大的战略调整甚至能影响企业的生死存亡和发展走向，同时也是企业核心竞争能力的体现。VUCA时代下的应变能力、调整能力，正在成为企业发展的新要求。

2. 战略调整的价值

对战略管理工作来说，科学的战略调整能为企业带来以下几个方面的价值。

（1）现有价值。战略调整会对战略执行过程中碰到的问题进行梳理，比如企业发展的内外部环境发生了哪些变化，企业自身对环境条件认知的变化，企业自身经营条件和能力的变化等。这样的梳理本身就是企业对经营环境认知上的一次更新，能让企业基于新的经营环境做出更合适的战略调整。

（2）内部改进后的价值。重点是通过战略调整做出经营改进动作后，能更高效地提高经营质量，改善经营效率，优化资源配置，巩固或提升核心能力。

（3）清理后的价值。战略调整动作除了优化提升过去既有的行动计划外，还可能对优质的、低估的外部资产资源采取并购或收购战略，对企业自身亏损的、投资回报不高的业务模块或资源采取变卖清理的战略。这些改进或清理动作，同样能优化企业整体资源配置，提高投入回报效率。

（4）增长的价值。简单来说，就是通过战略调整，把握新的机遇，对那些新出现的市场机会提出进攻战略，抢占空白市场和消费者心智。为企业经营提供新的生意增长点。

（5）潜在价值。比如，通过战略调整，优化财务策略，通过对企业财务资金流动性的全局性、长期性、创新性谋划，保证战略执行过程的稳健，资金保障充分，且不影响整体企业财务安全，有效控制财务风险。

整体来看，很多企业，尤其是上市企业，相对重大的战略调整也会反映到企业的市值上，常见的就是股票市场的变化。资本市场一般会根据某企业战略调整的方向，做出对该企业未来发展潜力和价值的判断，对该企业未来盈利能力的预期。

战略调整的价值如图5-6所示。

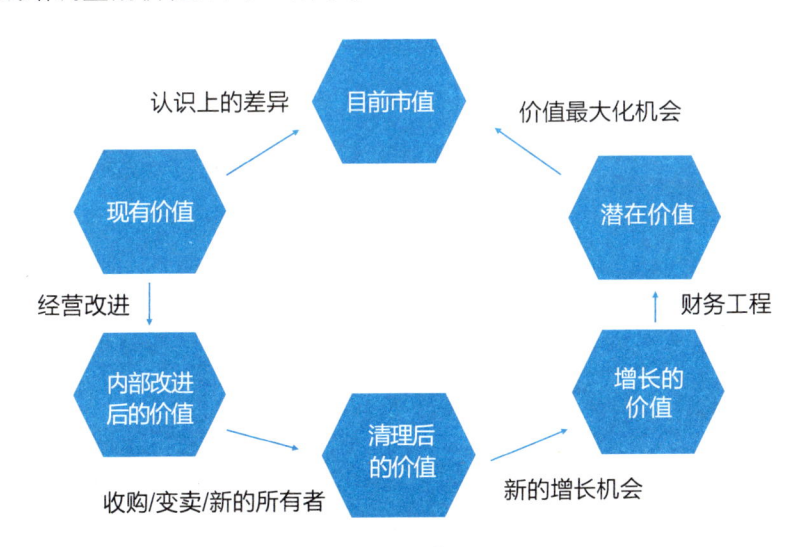

图5-6 战略调整的价值

3. 影响战略调整的因素

战略调整是一种特殊的决策，是对企业过去战略决策的跟踪。这种决策受到企业核心竞争力、企业家行为和企业文化的影响。

（1）企业核心竞争力。要调整企业战略中经营领域或方向层面的内容，就必须对企业核心竞争力进行分析。

在市场经济条件下，同一产品的生产和销售通常由多个企业共同完成。企业在竞争激烈的市场中，要想通过产品生产和销售扩大自己的市场份额，就必须形成并充分利用某些竞争优势。核心竞争力能够提升一系列产品或服务的竞争优势，是未来产品开发的源泉和根源，因此能否建立起领先于竞争对手的核心竞争力，将对企业的长远发展产生根本性影响。只有建立和保持核心竞争力，才能保证企业的长期生存。

（2）企业家行为。战略调整作为一种跟踪决策，与其他类型的决策一样，受企业家行为的影响，甚至可以认为，战略调整是企业家行为的结果。企业是在企业家的领导下从事一定的生产经营活动的。企业家的行为直接影响企业的行为，影响着员工行为能否转化为对企业的有效贡献，并且影响着员工行为方式的选择和行为强度。

（3）企业文化。企业文化通过其导向功能、协调功能和激励功能影响企业绩效和战略发展。

企业文化的导向功能是指用普遍接受的企业价值观来引导企业员工，特别是引导战略管理者，自觉选择符合企业长远利益的决策，在决策的组织和执行过程中，自觉表现出符合企业利益的日常行为。

企业文化的协调功能主要是指在相同的价值观和行为准则指导和协调下，企业的各个部门、各个层级都可以做出决策。企业员工所选择的行为不仅符合企业的长期和短期利益，而且能够相互协调。

企业文化的激励功能主要是指员工能自觉地根据自己的需要，调整自己的行为，以符合企业文化所倡导的价值观和行为准则的要求。

企业文化的上述功能影响着员工，尤其是高层管理者的行为，进而影响着战略调整方向的选择和执行。

4. 战略调整的触发条件

原本选择的战略在执行过程中遇到下述情况时，可以考虑做出调整。

（1）企业外部环境发生了重要变化。这种变化可能源自某种突发性的社会、经济、技术变革，而这种变化打破了原先市场的平衡。

（2）企业外部环境并无任何变化，但企业对环境特点的认识产生了变化或企业自身的经营条件与能力发生了变化。

（3）上述两者的结合。

不论源自何种条件，企业能否及时进行有效的战略调整，决定着企业未来在市场上的生存和发展水平。

5. 战略调整的操作原则

战略调整操作需要遵从以下几项原则：及时反应原则、有效控制原则、动态适应原则和局部调整原则。

（1）及时反应原则。由于环境是不断变化并且具有不确定性的，企业战略必须及时进行调整，滞后的战略调整会让企业遭遇较高的风险。

（2）有效控制原则。企业与环境实际上是互相影响、相互制约的关系，当企业自身进行了积极改变的时候，将使企业在环境的变化中处于比较主动的地位，对环境的变化有更好的应变能力，进而有助于企业战略调整的成功。

（3）动态适应原则。面对环境的快速变化不断传递过来的新信息，要求企业的战略既有一定的稳定性，又有一定的适应性，进而要求企业战略具备动态适应的能力。在战略调整过程中增加战略决策的柔性，使其可以根据新的信息适度修正。

（4）局部调整原则。企业可以根据具体的需要对战略进行局部的调整。由于战略本身要求具有较强的稳定性，如果进行全面的战略调整，可能会影响企业正常的经营活动。同时，环境因素对企业的影响是来自不同方面的，影响程度也不同，企业应该先对影响最大的方面进行调整。

6. 战略调整的操作策略

企业进行战略调整，可以采取如下四项策略。

1）建立环境变化预警系统

要想提前对环境变化做出正确的反应，就必须具备及时、正确感知环境变化的能力，这就要求企业建立环境变化预警系统。它指的是能监控外部环境变化，分析不确定性的层次，可以准确、及时评价阶段性战略的完成情况和效率的系统。它能降低不确定性给企业战略执行带来的风险。

环境变化预警系统从宏观和微观两个层次进行构建。宏观上，可以从法律、社会文化、经济、技术等方面进行构建；微观上，应该围绕企业自身特点，从供给、需求、竞争三个方面进行构建。通过环境变化预警系统监测各项指标，根据不同指标的变化程度和预警因素，对战略执行行为可能造成的压力大小或强度确定预警线。

2）提高企业自适应能力

企业外部环境的微小变化都有可能对企业绩效产生影响。要想提高对环境变化感知力，除了需要时刻监控外部环境，还需要对企业内部资源和外部资源进行有效集成，使企业整体适应环境变化的能力得到提高。

监控外部环境，要求企业管理者了解环境对企业战略的影响程度，随时随地利用各种渠道和方法去认识、了解环境，研究其变化规律，预测变化趋势以及可能对企业战略产生的影响。

对企业内部资源和外部资源进行有效集成，要求企业管理者在了解掌握各种环境因素基础上，分析、研究、确定各种环境因素对企业有什么影响，对环境因素产生的影响做出反应。充分利用环境中对企业战略有利的方面，集成内外部资源对企业产生更强的正面作用。对环境中不利于组织发展的因素，一方面调动内外部资源展开组织变革使其与企业战略相适应，另一方面通过优化调整企业组织行为使其有利于企业战略。

3）制定柔性组织架构

组织有分工和协调的功能。企业为应对外部环境变化的不确定性影响，往往需要调整内部组织结构。如果企业的组织架构缺乏柔性，企业就难以应对环境变化并做出快速反应。组织的柔性化在取代业务处理过程专门化、任务专业化的同时，还可以减缓陈旧性，提高决策的合理性。

例如，当市场需求发生变化时，企业需要调整产品品种结构或产量结构，而产品品种结构或产量结构的调整有赖于设备技术、人力、组织等结构的调整。如果企业能够很容易地实现结构调整，那么说明企业具有较高的战略柔性。反之，其战略柔性较低。为了适应外部环境的变化，企业必须从刚性的组织结构向柔性的组织结构转变。

4）运用目标管理方法

运用目标管理方法，实现局部调整以建立短期优势。企业战略管理的成功并非单纯依靠静态的长期战略，还需要很多动态的战略作为补充，以建议系列短期优势，使企业能抓住更多的市场机会，适应市场的不确定性。企业动态的战略管理，比较适合运用目标管理的方法。因为企业的战略制定和战略执行过程本身就是目标设定、目标分解、目标管理的过程，遵循从上而下的原则。目标管理的做法一般是目标设定和分解、实现目标过程管理、成果总结和评估。战略管理工作的要求是，从上到下逐级分解确定目标责任主体，环境变化时调整（或局部微调）战略目标和计划，阶段性战略管理成果评估总结。

7. 战略调整就是开启反思

管理学大师彼得·圣吉在他的著作《第五项修炼》中提到：改变战略、结构和体系是不够的，除非它们赖以产生的思维方式也发生变化。

说到底，战略的根本是思维方式，是企业团队的思维方式。

战略调整作为阶段性总结复盘，就是开启企业团队对战略管理工作进行思考、反思的过程。

战略调整最大的意义并不在于写成厚厚一本总结材料，而在于借助不断复盘总结、调整优化的过程，使得企业团队进入不断系统思考企业战略的状态。只有这样，战略管理工作才能与组织架构、执行形成有机的整体。

思考与练习：根据你所在企业战略评估的结果，你打算做哪些战略调整？

_____

_____

_____

四）如何组织一场高质量的战略复盘会议——科比为何热衷于研究比赛录像

科比·布莱恩特是NBA顶尖球星之一，几乎拿遍了NBA的奖项。科比热衷于研究比赛录像，通过看过往的比赛录像，去研究对手的特点和打法，再有针对性地调整自己比赛的策略。

其实不光科比有这个习惯，很多球队教练经常组织球员回看比赛录像。分析队员的配合、跑位、空间等战术存在的问题，分析对手的战术配合和球员表现，并针对敌我特点，制定下一场比赛的战术。

也正是因为这些赛后的复盘分析和战术制定，球迷们往往能在赛场上看到教练的精确指挥，球员的高水平发挥，队友间精妙的传接球配合。

1. 战略复盘会议实操案例

战略复盘会议的组织实施是一项重要的操作技能，笔者在某头部乳品企业担任企业大学执行校长期间，定期主持该企业的战略复盘会议。下面的案例是该企业2019年战略复盘会议的安排。该案例将会给大家展示企业的战略复盘会议具体是怎么操作的。

召开一次完整的、成功的战略复盘会议，并不是只把会议当天的事情准备好就可以。企业的战略复盘会议主要分为会前、会中、会后三个部分，每一个部分都不可或缺。

1）会前

会议实施会务组在2019年5月至7月完成了大量的会前准备工作。会议前收集企业和各事业部高管的意见非常重要。他们承担着各业务单元战略目标的统筹管理，对战略目标负责，且对战略执行情况有全局的把控。因此，会议实施会务组在会前针对这些高管进行了一对一访谈。

（1）了解高管对战略执行情况的建议，比如，对目前品牌建设、渠道拓展和各区域经营情况、供应链现状等方面的建议，或者在战略执行过程中遇到的问题，期望企业内部各业务部门、职能部门之间如何协作，等等。

（2）了解高管对未来的期待。该企业一直坚持以不变的战略应对变化的环境，那么高管面对新的环境，对于未来有什么新的期待。这部分尤为重要。高管反馈的对未来的期待，在战略复盘会议上对于以后的战略有比较大的影响。

（3）了解高管对战略复盘会议的建议。比如，有的高管提到，希望联合各事业部职能模块开展行动学习和头脑风暴式研讨。还有针对战略复盘研讨会如何高效开展，最后的会议结果如何确保落地执行，战略执行计划如何能够有效开展，各事业部各层级各部门如何共同参与及分工协作等方面的建议。

（4）整理、提炼高管访谈报告。做完高管访谈工作后，会议实施会务组便开始整理、提炼形成访谈报告，以便在正式的战略复盘会议上简明地、高效地汇报相关内容。战略复盘会议需要避免流水账式的汇报，所以这项工作也很重要。

接下来开始设计会议议程，设置各个环节的时间节点，有效控制整个会议的节奏。因为战略复盘会议需要协调企业多个事业部的数十位高管参与，所以会议时间和流程设计要科学、合理、可控。

2）会中

2019年8月，该企业正式召开了企业中高层战略复盘会议。会议重点针对三项内容，包括前期访谈成果汇报、分模块工作研讨、制定下一年战略目标及"硬仗"行动计划。

通过对前期访谈成果的汇报，与会人员同步了解了相关信息，保证信息的畅通和一致性。

关于分模块工作研讨，主要可分为研发、营销、供应链模块。针对以上模块在工作执行过程中遇到的问题展开研讨，对与会人员提出的相关意见进行汇总。

再根据上一步研讨的关键结论，制定下一年度的战略目标，现场进行目标分解，确定达成目标的行动计划，最后由各部门在会议上直接表决确定。

3）会后

在接下来的9月到10月，该企业重点抓行动计划的落地。各个事业部及上游供应链分别召开战略落地研讨会，承接企业战略，明确各事业部战略目标和策略、各部门下一年"硬仗"行动计划和各岗位及个人的行动计划。

以上是组织一场战略复盘会议的完整流程安排。

如果没有会前的信息收集，战略复盘会议中的研讨工作就会浮于形式，没有分析和作为决策依据的事实信息。

如果没有精密细致的会议组织实施，就无法高效地形成中高层共识、认可的下一步战略目标和行动计划。

如果没有后续的落地跟进，就无法将此次战略复盘会议所研讨的出来的战略目标和行动计划落实到事业部、部门、岗位和个人，就没有办法推动施行，保证战略目标的达成。

2. 如何保障战略复盘会议高效进行

1）与会人员要求

为了保证收集到有效的、真实的、有价值的信息，战略复盘会议的与会人员必须是高管、关键核心骨干等人员。与会人员名单由战略管理部或战略领导小组，以及相关外部战略专家顾问进行评审与评估。

2）研讨内容要求

研讨内容也很重要，笔者在该企业工作时对前后两年战略复盘会议的研讨内容做过如下改进。

2018年举办的战略复盘会议聚焦"补短"，而到了2019年变成了"扬长"。

"补短"是该企业制定的长期战略。"补短"并不是一劳永逸的，当企业向市场推出某种新产品的时候，会采取"扬长避短"的手段，采取差异化战略，发挥优势以快速占领市场。但是当企业发展到一定阶段，可能过去的长处无法再进一步产生竞争优势了，若想继续发展，就不能仅仅靠"扬长"了，而是要"补短"。

此外，随着竞争日益激烈，企业的"长"可能变成相对的"短"。旧的"短"补上了，可能还会有新的"短"出现。尤其在知识经济社会，知识更新快，科技创新速度快，过去的"长"可能很快就会变成今天的"短"。只有不断地"补短"，才能避免被淘汰的危险。企业要做好"补短"工作，将"短"尽可能补长，提高企业的综合竞争力。

2018年该企业的战略复盘会议聚焦"补短"，自上而下，从企业高管到各事业部高管再到职能部门高管分析目前的短处，并且接受由外部的专家顾问的咨询辅导服务，帮助企业弥补短处（当时选择了企业的部分事业部试点）。

2019年该企业的战略复盘会议则聚焦"扬长"，自下而上收集信息再自从上到下宣贯战略。战略复盘会议上通过研讨反复打磨，研讨出企业的"扬长"战略，并进行了战略目标调整和具体执行计划的成果输出。

应该说，来自企业外部和内部的变化对该企业战略复盘不断提出了升级要求。

所以，在规划每年的战略复盘会议时，会议的整体目标及流程并不是一成不变的，要充分考虑到当年的战略目标变化和业务发展情况，来优化升级战略复盘动作。

3. 以成长型思维看待战略复盘

笔者希望大家在规划、实施、参与战略复盘工作的时候，始终用成长型思维去看待每一项内容，摒弃过去的固定型思维。

因为战略复盘过程中充斥着大量的挑战性任务，可能会遇到很多意想不到的困难。例如，因外部环境导致没有按照预期完成战略目标，因为内部变动导致战略目标与结果存在偏差，接受的任务过于繁重而无法完成，战略管理者在战略复盘过程中可能要面对来自各方面的批评和压力，等等。

秉持固定型思维的人在面对这些困难的时候，往往是回避或放弃态度，不愿意尝试付出，不愿意做出突破创新。在面对批评的时候给出否定性反馈，无论收到的建议多有建设性都会忽略，不接受。而在面对其他人的成功的时候，往往将其他人的成功视作对自己的威胁，会引发自己的不安全感或脆弱感。

而具有成长型思维的人，往往会由于渴望学习而去迎接挑战，期望通过一系列的挑战获得成长。遇到障碍与挫折时不会消极地忍耐或回避，而是直面挫折，积极寻求克服、战胜挫折的有效途径，艰苦奋斗，用努力为成功与成就铺平道路，向目标前进。同时敢于直面错误、直面批评，认为他人的批评给自己提供了重要的反馈，认为这对自己的学习提升有所帮助。对于其他人的成功，他们拥有积极的心态，认为这可能是自己灵感与教育的源泉。

要想做好战略复盘，就要拥有成长型思维。

4. 战略复盘实操工具

本小节内容第一个模块，从实施流程的角度展示了如何组织一场战略复盘会议。从战略复盘会议核心产出成果的角度，我们提供以下两个可参考使用的战略复盘工具。

未来大家在做企业内部战略复盘会议时，可以使用如下工具模板，将在会议中研讨得出的关键结论、成果进行梳理和呈现。

1）战略复盘画布

战略复盘画布是邱昭良博士在《复盘+：把经验转化为能力》一书中提到的实用工具，有四项关键内容，分别是回顾目标、评估结果、分析原因和总结经验。

（1）回顾目标。回顾初始做这件事想要得到什么结果，以结果为导向回顾整个事件的计划和经过是否合理。

战略复盘时一定要先回顾战略目标和战略意图，再次推敲其是否合理。要把战略目标、战略意图、里程碑都清楚地罗列出来。最初确立的战略目标是战略管理工作的源头和起始，后期所有战略执行工作的结果，都需要对标战略目标，进行成败总结、优劣分析。如果没有最初的战略目标，战略复盘的基础便不复存在了。

同时回顾当初制定的战略目标是否满足以下几点要求：具体、可实现、可衡量、相关可控、有时限。

战略里程碑在第四章有专门的说明，这里不再赘述。

（2）评估结果。对结果的评价不仅包括评价战略执行结果的成败，还包括战略执行的情况、出现这种情况的原因、与原定战略目标相比是否有超出预期的收益，或者战略目标没有达成的地方。

将上述内容一一展开评价，得出的结论就是评估结果。评估结果要基于过去已经发生的事实、数据。从结果性目标和过程性指标两方面来评估，企业到底干得怎么样，哪些方面是亮点，哪些方面还存在不足。在战略执行工作阶段性结束后，重新回顾时，可能会发现过去的历程中出现了很多当初没有预想到的情况。

（3）分析原因。这个步骤相对复杂，需要花费较大精力。分析原因需要做深度思考，可能会用到结果倒推法来总结失败或成功的关键要素。

在分析原因时，要先将记录、罗列所有人提及的内容，先不判断其是否准确。对发生过的事情，尤其是特殊时间节点的举措，一一罗列，尽量穷尽，且尽量触达最深刻的"根因"。然后逐条分析原因跟现象是否能建立逻辑推导关系，是否准确。最后梳理成"成功关键因素和失败根本原因"这两项内容来呈现分析结果。

（4）总结经验。这包括提出关键发现和制订下一步行动计划。如果第三步做得透彻、扎实，第四步就相对比较容易了。原因分析得准确透彻，就能总结形成一定的规律，也容易形成准确的对策，并转化为行动计划。要判断得出的结论和总结的规律是否正确，最好的方式是检验。

战略复盘得出的结论是否可靠,必须在复盘现场判断,一般来说可以通过回答以下四个问题来判断。

(1)复盘结论是否落脚在偶发性的因素上?

如果复盘结论落脚在偶发性因素上,那一定是错误的。如果战略复盘没有进入逻辑层面,没有经受住逻辑的验证,这样的复盘结论一定是不可信的。

(2)复盘结论是指向人还是指向事?

复盘结论如果指向人,则说明战略复盘可能没有真正到位。因为战略复盘得出的是规律性的认识,而人是具体的,各不相同的,可控因素差的。

如果复盘结论指向事,则战略复盘得到规律的可能性更高。当然,这里的"事"不仅仅是指某件具体的事,而是人之外的所有因素。但是不要随意做外部归因,比如,"如果出租车司机都开这么慢,那我以后都会迟到"等,这会将事件引导到阴谋论上。

(3)复盘结论的得出是否有过三次以上连续的"为什么是"或"为什么不是"的追问?

战略复盘得出的结论至少要有过三次以上的连续的"为什么是"或"为什么不是"的追问。如果次数不够,意味着战略复盘很可能没有找到真正的"根因"。

探寻问题背后的问题,找出答案之后的本质,这就是追问的目的。

(4)复盘结论的得出是否经过交叉验证?

"孤证不能定案"是法律上的术语,用来比喻战略复盘得出的结论通过其他事情交叉验证，也可以为结论的有效性提供一定的保障。

建议将最后的行动计划写出马上就能开始、停止、继续的相关事项。

复盘画布工具表如表5-3所示。

表5-3　复盘画布工具表

主题		时间	
地点		参加人	
事件/活动概况描述			
1. 回顾目标	2. 评估结果	3. 分析原因	4. 总结经验
初衷：	亮点：	成功关键因素：	关键发现：
目标/关键结果：	不足：	失败根本原因：	行动计划：

2）战略罗盘评估

王成老师在其《战略罗盘》中提出了四大战略思维：由外及内、认知升级、跨越鸿沟和与众不同。做战略制定和战略执行时，都要充分考虑内部稳定性和外部适应性。

战略罗盘评估的四大视角，包括规划视角、定位视角、能力视角、学习视角，能帮助企业找到新时代下战略制胜的新逻辑。

（1）规划视角讨论的是有战略还是没战略？

如果有，能用一句话说清企业的战略吗？整个企业对于"去哪里"和"如何去"是否清晰，是否达成共识？力出一孔，只有清晰的战略才能塑造出伟大的企业。

（2）定位视角讨论的是战略是好战略还是坏战略？

所制定的战略是个好战略吗？好战略让企业做到"先胜"和"易胜"，坏战略让企业"难胜"，甚至是"完败"。

（3）能力视角讨论的是战略是实战略还是虚战略？

战略不能务虚，战略落地需要扎实的资源和能力作为基石。战略执行需要科学的资源配置和扎实的组织能力，"好战略"通过好的执行，才能转化为"好业绩"。

（4）学习视角讨论的是战略是快战略还是慢战略？

天下武功，惟快不破。在剧变时代，战略不是规划出来的，而是实践、进化而来的。在新技术、新产业、新模式、新业态的新时代，要破除思维定式和路径依赖，以思想敏锐和行动敏捷去对抗战略惰性和组织惰性。

基于这四个视角，笔者做了一个战略罗盘评估表（见表5-4），用简单、直接的打分的方式对战略做一个直观全览。

表 5-4　战略罗盘评估表

评估维度	序号	评估项目	评分	备注说明
规划视角	1	执行由外及内的战略思维		
	2	明确的战略意图		
	3	富有逻辑的战略地图（无/有；一般/好）		
	4	战略设计完整性（有战略还是没战略）		
	5	外部适应性（结合学习能力）		
定位视角	6	与众不同的战略定位		
	7	洞察产业生态的当下结构和未来演进		
	8	从战略控制点到生态优势的竞争优势		
	9	战略设计的好与坏		
	10	内部稳定性（结合组织能力）		
能力视角	11	跨越战略合实施间的鸿沟（上下同欲/资源匹配）		
	12	企业核心竞争力得到发挥		
	13	完整的战略地图、能力地图合人才地图		
	14	战略执行的可行性（实战略还是虚战略？）		
	15	内部稳定性（结合定位视角）		
学习视角	16	组织的认知升级		
	17	成为快战略驱动的敏捷组织		
	18	战略的进化能力（第二曲线的成长）		
	19	战略执行的快与慢（快战略还是慢战略？）		
	20	外部适应性（结合规划视角）		
		合计		

笔者希望，大家在使用战略罗盘评估的时候，从这四大视角拷问自己，这能推动企业找到针对这些问题的解决之道。

思考与练习：设计并组织你所在的企业的战略复盘会议。

五、还原事实，明辨得失，迭代优化——复盘，是为了更好的未来

战略复盘的本质是还原事实，明辨得失，迭代优化。

战略反馈就是还原过去的战略制定和执行过程中到底发生了什么。一切的信息、数据都要尽可能贴近"事实"。虚假信息或者拍脑袋的数据可能会对后面的评估、调整造成巨大的影响。失之毫厘，谬以千里。

战略评估就是要多维度、多角度，公开、透明、辩证地分析，目的是要搞清楚做成功了到底是好在哪里，做失败了到底哪里出了问题。透过表面现象和数据，发现本质。

战略调整则是为了下一步，为了将来。再次对标战略目标，结合评估分析得来的结论，清晰地做出下一阶段的决策，比如，继续做什么，停止做什么，什么事情要优化等。

总体来说，战略复盘不是为了要翻旧账，不是为了批判，是为了下一步战略执行更稳健，更有效，是为了企业更好的未来！

参考文献

[1] 克劳塞维茨. 战争论[M]. 李哲, 译. 北京: 中国画报出版社, 2013.

[2] 文庆, 贾祯, 宝鋆, 等. 筹办夷务始末[M]. 北京: 中华书局, 2014.

[3] 安索夫. 新公司战略[M]. 曹德骏, 范映红, 袁松阳, 译. 成都: 西南财经大学出版社, 2009.

[4] 波特. 竞争战略[M]. 陈丽芳, 译. 北京: 中信出版社, 2014.

[5] 明茨伯格. 战略历程[M]. 魏江, 译. 北京: 机械工业出版社, 2020.

[6] 弗雷德·R. 戴维, 福里斯特·R. 戴维. 战略管理: 概念与案例（第16版）[M]. 北京: 清华大学出版社, 2018.

[7] 杨杜. 企业成长论[M]. 北京: 中国人民大学出版社, 1996.

[8] 杨杜. 成长的逻辑[M]. 北京: 经济管理出版社, 2014.

[9] 柯林斯, 波拉斯. 基业长青[M]. 真如, 译. 北京: 中信出版社, 1994.

[10] 柯林斯. 从优秀到卓越[M]. 俞利军, 译. 北京: 中信出版社, 2009.

[11] 波特. 竞争战略[M]. 陈小悦, 译. 北京: 华夏出版社, 2005.

[12] W. 钱·金, 莫博涅. 蓝海战略[M]. 吉宓, 译. 北京: 商务印书馆, 2005.

[13] 卡普兰, 诺顿. 平衡计分卡: 化战略为行动[M]. 刘俊勇, 孙薇, 译.

广州：广东经济出版社，2004.

［14］卡普兰，诺顿. 战略中心型组织[M]. 上海博意门咨询有限公司，译. 北京：中国人民大学出版社，2008.

［15］卡普兰，诺顿. 战略地图：化无形资产为有形成果[M]. 刘俊勇，孙薇，译. 广州：广东经济出版社，2005.

［16］邱昭良. 复盘+：把经验转化为能力[M]. 北京：机械工业出版社，2018.

［17］王成. 战略罗盘[M]. 北京：中信出版社，2018.

后记（致谢）

在本书的编写过程中，电子工业出版社有限公司的专家们给予了大力的支持与帮助，他们的鼓励和指导，鞭策我不断地向前。优蓝咨询总经理陈俊鑫（Mars）带领优蓝顾问伙伴们在本书出版过程中付出很多努力，在此对各位伙伴的支持表示衷心感谢：陈俊鑫（Mars）、谭子耀（Tony）、陈媚珊（Ali）、吴秋蓉（Wendy）、邱丽冰（Sunny）、易建宏（Ray）、陈佳榕（Jessica）、叶其乐（Leo）。

笔者在写作的过程中，重读了国内外众多战略大师和专家的专著。本书中也引用很多经典工具和一些案例，站在巨人们的肩上才有这本"极简"的书。

希望本书能够帮助每一位阅读者从新的视角轻松地认识与把握企业战略的本质和核心内容，在掌握如何进行战略解码和战略执行的同时，让本书真正成为大家了解企业战略的第一本书，在实现战略共识、提升管理绩效、促进企业良好发展、实现基业长期的提供有益的帮助。

限于时间和个人经验，本书一定会有些问题讨论得不够深入，阐述得不够清晰，欢迎各位读者理解、批评指正。

优蓝咨询服务体系与课程体系

服务体系： 聚焦人才发展、生意增长两个领域，通过四大业务板块，细分 12 条产品线，为企业提供全方位且长周期深度赋能。

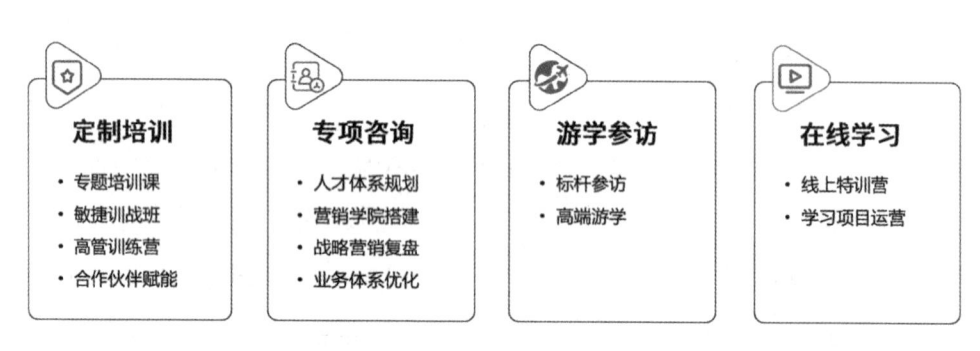

定制培训	专项咨询	游学参访	在线学习
· 专题培训课 · 敏捷训战班 · 高管训练营 · 合作伙伴赋能	· 人才体系规划 · 营销学院搭建 · 战略营销复盘 · 业务体系优化	· 标杆参访 · 高端游学	· 线上特训营 · 学习项目运营

课程体系： 通过专业营销力、领导管理力、通用素质力人才培养三力模型，为企业关键人才培养提供全面且丰富的专业课程。

40 个 关键岗位胜任力构建
120 门 精心匹配专业课程
30 门 自研权威版权课程

专业营销力	领导管理力	通用素质力
战略规划　渠道经营 门店运营　用户运营 区域经营　创新营销 营销策划　品牌产品	领导艺术　沟通协作 教练培育　团队管理 人才战略　战略思维 组织变革　绩效管理	问题解决　授课技能 创新思维　沟通管理 课程开发　经验萃取 目标管理　职业素养